Golau trwy Gwmwl

Storïau

John Emyr

i

Gwen

Diolchiadau

I Luned Aaron am lun y clawr.

I Jane Edwards am ei sylwadau ar y stori 'Cyfle' wrth ei dyfarnu'n fuddugol yn Eisteddfod Môn 2015.

I Sonia Edwards a Shoned Wyn Jones am ddyfarnu'r stori 'Yfory' yn fuddugol yn Eisteddfod Môn 2016.

I Meinir Pierce Jones am ei sylwadau ar y stori 'Ffoi' wrth ei dyfarnu'n fuddugol yn Eisteddfod Genedlaethol Cymru Sir Fynwy a'r Cyffiniau 2016.

I'r Athro Densil Morgan am bob anogaeth i lenydda ac am gyhoeddi'r storïau 'Cyfle' ac 'Yfory' yn Y *Traethodydd*.

I Nia Roberts am ei chymorth golygyddol ac i Wasg Carreg Gwalch am eu gwaith graenus.

Cynnwys

Bryn Ffynnon

Noson olaf Tachwedd yw hi ac mae'r gwynt yn nhwll y glaw. Mae sŵn drycin ynddi ac mae'r gwynt yn gafael, yn sgubo i lawr o'r llechweddau ac yn treiddio trwy bob agen a chrac. Heb falio dim am bobl, mae'n chwipio'r llynnoedd yn ewyn. Gwynt traed y meirwon yw hwn a druan o'r sawl sy'n ei herio. Mae pob enaid byw yn swatio dan do, yn ofni am ei lechi.

Yn ei wely mae Dan, ym mhlygion y garthen blu, yn ceisio anghofio'i ofidiau. Er ceisio'i orau glas i anwybyddu sŵn y ddrycin, seithug yw ei ymdrechion gorau.

Mae'n cerdded yn droednoeth i lawr y grisiau ac ymbalfalu am switsh y golau wrth y drws cefn. Agor drysau'r cypyrddau a rhoi ei law ar dabledi asbrin. Tynnu dwy ohonyn nhw allan o'u nyth a'u gollwng i hanner gwydraid o ddŵr oer o'r tap. Disgwyl i'r tabledi doddi, yna yfed y trwyth ar ei dalcen.

Sefyll wedyn a syllu drwy'r ffenest ar y storm yn dangos ei dannedd. Gwga'r cymylau uwch copaon y moelydd a rhuthra hyrddiadau'r glaw. Nid yw'r gwynt yn troi cefn ar y ffrae – mae'n annog y coed i blygu.

Yn ôl yn ei wely, mae Dan yn meddwl am ei daith yn ôl i'r lle hwn – hen gartref ei dad, Bryn Ffynnon.

* * *

'Rwyt ti'n ddistaw ar y naw,' meddai Mali wrth iddyn nhw gerdded ar hyd Ffordd y Dderwen Ddu.

'Meddwl ydw i.'

'Meddwl am be?'

Roedden nhw wedi cyrraedd Hurford Place cyn iddo ateb.

'Dwi'n meddwl am Fryn Ffynnon.'

'Ac am fynd yno?'

'Ia.'

'Pam hynny?' holodd Mali gyda nodyn o syndod yn ei llais, fel petai Dan newydd ddweud ei fod am fyrddio'r awyren nesaf i Ganada. 'Mae'n dipyn o daith i Wynedd, yn arbennig yn y gaea.'

'Ydi,' cytunodd yntau.

Synhwyrai Mali fod Dan yn un o'i ysbeidiau hel meddyliau, felly peidiodd â'i holi ymhellach nes iddyn nhw ddod i olwg y tai newydd ger Ffordd Tŷ Draw.

'Pam yr awydd sydyn 'ma i fynd i Fryn Ffynnon?'

'Mae'n hen bryd imi fynd i gael trefn ar y papura.'

'Fedri di ddim disgwyl tan y gwanwyn?'

'Mae'r gwanwyn yn bell. Dwi'n meddwl cychwyn fory.'

'Fydd y daith yn help iti deimlo'n well?'

'Bydd. Yn arbennig os doi di i gadw cwmni imi.'

'Mi hoffwn i ddod, Dan. Ond dydi hynny ddim yn hawdd ar hyn o bryd. Fedra i ddim troi 'ngefn ar fy nghyfrifoldeba yma.'

Gwasgodd Dan ei llaw.

'Dwi'n deall. Ond fy nghyfrifoldeb i ydi mynd i gael trefn ar bapurau Dad, a hen ddogfennau'r teulu.'

'Dy gyfrifoldeb at y meirwon?'

'Ffordd negyddol o ddeud ...'

'Ddim yn Japan 'dan ni'n byw, 'sti. Does neb yn gofyn inni addoli perthnasau marw.'

Gwenodd Dan. 'Rwyt ti'n trio codi dadl. Yn y bôn rydan ni'n cytuno, yn tydan, Mali? Eu parchu nhw ydan ni. Parchu'r atgof amdanyn nhw. Mae 'na wahaniaeth rhwng hynny a'u gorddyrchafu nhw.'

'Weithiau mae'r ffin yn denau rhwng parchu a ... be oedd y gair yna?'

'Gorddyrchafu.'

'Ond ai parchu'r cof am dy dad a rhoi trefn ar ei bethau ydi unig bwrpas dy daith?'

'Ddim hynny'n unig. Dwi am gael mymryn o amser i roi trefn ar fy meddylia.'

'Drwy ymweld â'r hen gynefin?'

'Ia.'

'Paid â disgwyl gormod, Dan. Mae'n rhaid inni i gyd roi trefn arnon ni ein hunain yn y man lle rydan ni.'

'Bydd yn braf i ti gael llonydd oddi wrtha i am ychydig ddyddia.'

Chwarddodd Mali a rhoi ei braich am ei ganol. 'Bydd yn braf gen i dy groesawu'n ôl.'

* * *

Bore trannoeth, wrth iddo lywio'r Quattro ar hyd strydoedd Cyncoed, teimlai Dan fesur o ryddhad. Ofnai y byddai'r teimlad hwnnw'n ildio i deimlad llai cadarnhaol cyn yr hwyr, ond o leiaf roedd wedi cychwyn ar ei daith. Ymhen rhai oriau byddai'n cyrraedd cartref ei gyfeillion yn y canolbarth, ac yn cael blas ar eu croeso.

Gwasgodd fotwm i oleuo'r sgrin llywio lloeren a chlywodd y llais cyfarwydd. Ar gyfer ei daith heddiw, wrth gwrs, doedd arno ddim angen y map na'r llais i'w gynorthwyo i ganfod y ffordd. Byddai hynny'n gywilydd arno ac yntau wedi teithio ar hyd yr A470 gynifer o weithiau. Defnyddiai'r offer llywio lloeren i'w atgoffa o'r terfynau cyflymder. Gwyddai hefyd, oherwydd ei duedd i synfyfyrio, y gallai'n hawdd gymryd tro anghywir.

'Cofia fod yn gall wrth ddefnyddio'r dechnoleg,' meddai ei feirniad mewnol wnaeth ddwyn i'w gof y prynhawn hwnnw yn y Fro pan fu ond y dim iddo gael ei hudo gan y llais a'r map i ddilyn llwybr oedd yn hwylus yn yr Oesoedd Canol ond a oedd wedi'i dagu â drain ers dyddiau Iolo Morganwg. Drwy lygad lloeren, roedd llwybr bach fel traffordd fawr.

Meddyliodd am groeso ei ffrindiau yn Llanmaerdy a'r holl droeon blaenorol y bu ar eu haelwyd. Gan amlaf, yn y gaeaf y byddai hynny. Byddai'r caeau dan amdo, a haen o lwydrew yn fferru'r gwrychoedd. Ar adegau felly roedd yn rhaid gyrru gyda gofal mawr ac yna, ar derfyn y daith a'i nerfau ar dorri, byddai drws Lluest yn agor. Byddai'r goleuni o'r gegin a'r cyntedd yn tywallt drwy'r drws, yn sgleinio ar wynder y cowt, ac wedyn deuai'r croeso gan Garmon ac Esyllt. Pâr croesawgar fuon nhw erioed. Pobl eu bro na fyddent yn ei gadael am bris yn y byd.

Ar gyrion Aberhonddu, penderfynodd Dan ei bod yn bryd iddo gael egwyl. Llywiodd y car i gyfeiriad canol y dref, troi i'r dde a chanfod lle parcio hwylus wrth ymyl y gamlas. Braf wedyn oedd cael cerdded heb frys i gyffiniau Theatr Brycheiniog. Roedd y caffi yno'n agored, felly archebodd goffi ac eistedd wrth fwrdd ger y ffenest ymysg yr hanner dwsin o bobl a oedd yn y caffi o'i flaen, rhai yn sipian eu diodydd ac yn sgwrsio, eraill yn gwylio drwy'r ffenestri fynd a dod pobl y gamlas. Roedd gwylio'r rhain, gan amlaf, yn rhoi difyrrwch i Dan. Heddiw, fodd bynnag, doedd ganddo ddim awydd troi ei sylw atyn nhw na champau'r hwyaid o'u cwmpas. Yn hytrach na chwarae rhan yr ymwelydd undydd, roedd am ymgolli yn ei feddyliau ei hun.

Wedi taith hwylus, cyrhaeddodd gartref ei ffrindiau yn Llanmaerdy. Cododd glicied y glwyd ar ben draw'r llwybr a arweiniai at ddrws y tŷ. Gwichiai'r glwyd fymryn wrth iddo'i hagor. Yr unig synau eraill a glywai yn awyr yr hwyr oedd su'r awel a anniddigai ddail y coed uwch ei ben a sŵn crensian ei draed ar y cerrig mân o flaen y tŷ. Anaml y gwelid cowt o unrhyw faint o flaen drysau tai yn y ddinas, ac eithrio'r rhai drytaf, meddyliodd Dan; yma yn y wlad doedd dim i atal penseiri ac adeiladwyr rhag gosod darn go lew o dir o gwmpas eu tai.

Gwasgodd Dan fotwm y gloch. Agorwyd y drws a llifodd golau cynnes y cyntedd allan gyda gwres croeso'i gyfeillion.

'Dan, mae'n braf dy weld di!' meddai Esyllt gan ei gusanu ar ei foch.

'Dere mewn o'r oerfel,' meddai Garmon, gan ysgwyd ei law. 'Oedd y daith yn hwylus?'

Arweiniodd Garmon ef i mewn i'r lolfa. 'Eistedda. Fel y gweli, dwi wedi cael gafael ar lwyth o bren sych.'

'Mae'n anodd curo tân agored.'

'Ydi, ond mae angen cadw llygad ar y tanwydd.'

Gwyliodd y ddau gyfaill y fflamau'n cystadlu â'i gilydd i ysu'r pren. Yna chwarddodd Garmon, 'Ddoist ti ddim yma i siarad am danwydd.'

Cyn i Dan ei ateb, cerddodd Esyllt i mewn gyda llond tebot o de a chwpanau gwyn ar hambwrdd pren. Ar ôl gosod yr hambwrdd ar fwrdd bach isel, gadawodd Esyllt y ddau gyfaill i sgwrsio yn ôl eu harfer. Ar ôl mân siarad am gyflwr y ffyrdd, plygodd Garmon tuag at y fasged ger y lle tân a chodi un o'r boncyffion â gefail haearn a'i osod yn daclus yng nghanol y fflamau. Yna edrychodd i fyw llygaid ei ffrind.

'Be sy ar dy feddwl di, Dan?'

Anadlodd Dan yn ddwfn cyn ateb. 'Meddwl am y gwaith o 'mlaen i.'

'Be 'di hwnnw?'

'Cael trefn ar hen bapura 'Nhad.'

'Dyna fydd dy waith di yn y gogledd?'

'Ia.'

'Ond mae dy dad wedi'n gadael ni ers ...'

'Achau. Dwi 'di colli cyfri.'

'A dwyt ti ddim wedi gwagio'r tŷ eto?'

'Naddo, ddim yn llwyr. Gwell hwyr na hwyrach. Ac mi wn i 'i bod hi'n bryd imi afael ynddi, ond ...'

'Ond?'

'Dwi ddim yn edrach 'mlaen at fynd 'nôl.'

'Yn ôl i'r hen gartra?'

'Ac i'r gorffennol.'

'Pam hynny?'

'Rhai materion sy heb gael eu datrys.'

'Datrys?'

'Ia. Ond ddim rŵan ydi'r amser gora ...'

'Rwyt ti'n siŵr o fod wedi blino ar ôl dy daith.'

'Fechgyn.' Llais Esyllt oedd yn galw.

'Mae swper yn barod,' meddai Garmon.

Cerddodd y ddau i'r gegin gefn, ac wrth iddo dderbyn gwahoddiad Garmon i eistedd wrth y bwrdd hir yn yr ystafell gynnes, sylwodd Dan yn werthfawrogol ar y tatws wedi'u coginio yn eu crwyn a chig cyw iâr.

'Fy hoff bryd,' meddai Garmon, gan dywallt sudd afal i wydr ei ffrind. 'Mae Esyllt a minnau am gymryd rhan yn un o gystadlaethau coginio S4C, wyddost ti.'

'Dim byd o'r fath,' meddai Esyllt gan wenu. 'Fel y gweli di, Dan, mae Garmon yn dal i fod yn 'i elfen yn tynnu coes.'

'Fel hyn oedd o pan ddaru chi gyfarfod gynta?' holodd Dan.

'Ia, ond yn ganmil gwaeth.'

Chwarddodd y tri, a sylwodd Dan ar ffordd ddi-straen ei ffrindiau o sgwrsio â'i gilydd. Erbyn hyn roedden nhw yn eu canol oed, ond yn eu sgwrsio roedd yna nodyn ifanc na lwyddodd y blynyddoedd i'w orchfygu.

'Nawr, Dan,' meddai Garmon ar ôl iddyn nhw orffen eu pwdin tarten afal a chwstard, 'hoffet ti ymlacio yn y lolfa a gwylio rhywbeth ar y teledu?'

'Byddai hynny'n braf, ond ma'n well gen i noswylio'n gynnar heno.'

Diolchodd am y pryd amheuthun, ac aeth i nôl ei gês o gist y car. Pan ddychwelodd i'r tŷ safai Garmon wrth y drws cefn.

'Os bydd y tywydd yn ffafriol, beth am daith gerdded fach fory?' gofynnodd.

'Syniad da.'

Yn ei wely y noson honno, teimlai Dan yn rhy effro i gysgu. Roedd fel petai'n methu tynnu ei ddwylo oddi ar lyw'r Quattro. Cododd o'r gwely a cherdded yn ei sliperi i'r gegin, ac eistedd yn hoff gadair Garmon. Syllodd ar y gegin eang a'i pheiriannau diweddaraf, y sinc wrth y ffenest fawr a'r cloc wyth niwrnod a'r cadeiriau esmwyth ger y ffenest arall. Roedd Garmon wedi byw yn y tŷ hwn ers nifer o flynyddoedd – ar ôl iddo fyw yn y ddinas am rai blynyddoedd yn ystod ei brentisiaeth yn seicolegydd, dyma'r cartref gwledig y gwnaeth Esyllt ac yntau ei ddewis. Bellach roedd y tŷ a'i ddodrefn yn gefndir sefydlog i stori eu byw.

Yn ôl yn ei lofft, llithrodd Dan, o'r diwedd, i gwsg, a phan ganodd larwm ei ffôn symudol am wyth o'r gloch y bore i gystadlu â thrydar adar y to yn ceryddu'i gilydd y tu allan i ffenest ei lofft, teimlai'n egnïol ac yn llawn awydd i wynebu diwrnod newydd. Codi. Ymestyn. Ymolchi uwch y basn sgwâr yn yr ystafell ymolchi *en suite* a gwisgo amdano.

Roedd Garmon wedi codi o'i flaen ac eisteddai hwnnw'n awr yn ei hoff gadair yn astudio sgrin fach ei i-Pad.

'Bore da. Gest ti noson iawn o gwsg?'

'Ardderchog, diolch.'

'Da iawn. Mae Esyllt wedi paratoi brecwast. Be gymeri di – coffi neu de?'

'Coffi, os gweli'n dda.'

Mwynhaodd Dan y coffi o Ethiopia, y *muesli* o Ddorset a'r bara grawn o siop y pentref. Cyn pen yr awr roedd y ddau gyfaill yn cerdded ar hyd llwybr a arweiniai drwy gaeau a choetir i gyfeiriad copa un o'r bryniau cyfagos. Â'u bagiau ar eu cefnau, digon tawel oedd y ddau am ugain munud a mwy wrth i'w cyrff ddygymod â'r ymarfer. Un o hoff bleserau Dan oedd cerdded yn y wlad, a bonws yn awr oedd cerdded ar lwybr oedd yn newydd iddo ac yn cynnig digon o wyrddni. Doedd dim rhaid yngan gair. Eto, gwyddai y byddai Garmon yn siŵr o ofyn ambell gwestiwn cyn bo hir. Wrth iddyn nhw yfed eu diodydd o fflasgiau ganol bore y daeth y cwestiwn cyntaf.

'Ers pryd wyt ti'n teimlo'n ishel?'

'Pwy ddwedodd 'mod i'n teimlo'n isel?'

'Ti dy hun.'

'Pryd?'

'Ar y ffôn ddoe. "Dwi'n iawn," meddet ti. Doeddet ti ddim yn swnio'n iawn, Dan. Roedd cywair dy lais yn siarad cyfrole.'

'Wyddwn i ddim mai Holmes oedd dy enw canol di.'

Chwarddodd Garmon. 'Os ydi'n well gen ti beidio â siarad am y peth, wna i mo dy holi 'mhellach.'

'Hola fi ar bob cyfri. Mi wnaiff les imi.'

'Pam?'

'Dwi wedi teimlo ers tro y byddai'n lles imi petai rhywun yn fy holi. A rhoi cyfle imi siarad yn onest. Rhywun ...'

'Rhywun?'

'Rhywun gweddol gall.' Chwarddodd y ddau. 'Rhywun dwi'n 'i barchu.'

'Dy holi am be?'

'Y teimlada dwi'n 'u cael.'

'Sut byddet ti'n 'u disgrifio nhw?'

'Hynny sy'n anodd. Teimlo'n hapus un munud. Wedyn ...?'

'Wedyn?'

'Y munud nesa, gweld yr ochor dywyll i betha.'

'Pa deimlade eraill fyddi di'n 'u cael?'

'Teimlo'n flinedig.'

'Ac yn flin weithie?'

'Weithia. A braidd yn ...'

'Yn ddiobaith?'

'Gair cry' ar y naw ydi hwnna.'

'Pa air fyddet ti'n 'i ddewis?'

'Di-hid.'

'Un arall?'

'Difalio.'

'Fel petai dim byd yn bwysig?'

'Ia. Pwy ddwedodd "Nothing matters"?'

'Alfred Balfour. "Nothing matters much, and few things matter at all".'

'Syniad a allai arwain rhywun i drafferthion.'

'Yn enwedig rhywun sy'n Brif Weinidog, fel roedd Balfour, am ychydig.'

'Yn hollol. Ond dyna 'nheimlada i weithia.'

'Mae'n bryd inni ddal ati i gerdded,' meddai Garmon gan godi ar ei draed.

'Dwyt ti ddim am fynegi barn?'

'Am be?'

'Am 'y nghyflwr i.'

'Diolch iti am rannu. Dwi 'di dweud digon am y tro.'

'Call iawn,' meddai Dan gan wenu. "Y doeth a ŵyr, ef a dau ..."'

'"Annoeth ni reol enau",' gorffennodd Garmon y cwpled.

Cododd y ddau ar eu traed, estyn eu bagiau ac ailddechrau cerdded.

Ychydig o eiriau a fu rhyngddyn nhw wedyn dros weddill y daith, fel petai'r ddau yn gyndyn i rannu mwy. Eto, roedd Dan yn adnabod ei ffrind yn ddigon da i wybod nad oedd eu sgwrs ar ben.

Yn y lolfa gyda'r hwyr, wrth i'r tân ddechrau cydio, suddodd Garmon i gadair isel a gosod ei draed i orffwys ar stôl deircoes. 'Dwi 'di bod yn meddwl am yr hyn ddeudist ti yn gynharach,' meddai.

'Ro'n i'n gwybod y byddai gen ti rywbeth i'w gynnig,' atebodd Dan gan sylwi ar y symudiad ysgafn yn nhalcen ei ffrind: arwydd sicr ei fod yn troi rhywbeth yn ei feddwl.

'Fe soniest ti am farwolaeth dy dad.'

'Do. Mi ddylwn i allu anghofio amdano. Ond rywsut ...'

'Ia?'

'Rywsut dwi'n methu peidio cofio rhai o'i ddywediada.'

'Dim byd o'i le yn hynny. Fedri di roi enghraifft imi?'

'Un oedd bod rhaid inni gymryd pawb efo pinsiad o halen, a ni ein hunain efo dwy.'

Chwarddodd Garmon. 'Mae hynny'n wir, ond does dim yn syfrdanol o wreiddiol yn y gosodiad.'

'Cytuno. Ond roedd o'n deud hynna a phetha tebyg. A dwi'n methu eu gwthio nhw allan o 'mhen.'

'Dyna brofiad y rhan fwya o bobol sy wedi colli rhiant.'

'Yn fy achos i, mi hoffwn i allu peidio cofio rhai petha. Cael llechan lân.'

'Cyn medru anghofio, mae'n rhaid inni weithia fynd drwy ryw broses.'

'Proses?'

'Rhyw fath o gatharsis.'

'Rwyt ti'n dechra gwisgo het y seicolegydd.'

'Awyddus i dy helpu di, dyna i gyd. Ond cyn imi allu helpu, mae angen imi dy ddeall yn well.'

'Wyt ti'n siŵr fod siarad yn medru bod o gymorth?'

'Ydw.'

'Mi fyddet ti'n deud hynny.'

Daeth nodyn difrifol i lais Garmon. 'Gwranda, Dan. Dwi'n siarad fel ffrind. Ddim sgwrs academaidd ydi hon. Fyddet ti'n cytuno'n bod ni'n nabod ein gilydd ers cryn amser?'

'Byddwn.'

'Da iawn. Eto, fedra i ddim dweud 'mod i'n gwybod yn gwmws be sy wedi digwydd iti. Gwybod dy fod ti wedi cael gwraig dda yn Mali.'

'Allwn i ddim dymuno gwell.'

'Dwi'n dy nabod ti a Mali ers blynyddoedd. Ond wn i ddim sut y bu petha rhyngoch chi eich dau.'

'Mae priodas pob cwpwl yn rhwbath preifat.'

'Wyt ti wedi bod yn hapus yn dy briodas?' gofynnodd Garmon.

'Ydw.'

'Ydi Mali'n dy ddeall di?'

'Ydi. Teimlo weithia 'i bod hi'n gallu darllen fy meddwl i.'

'Fel'na y bydda i'n teimlo efo Esyllt. Os wyt ti'n hapus efo Mali, be sy wedi peri dy anniddigrwydd di dros y blynyddoedd?'

'Mwy nag un peth. Methu dod o hyd i'r gwaith iawn, dwi'n amau. Dydi gwaith cyfreithiwr ym maes trosglwyddo eiddo ddim y peth mwya gwefreiddiol dan haul. Ymlafnio a dal ati? Do. Mwynhau? Naddo. A doedd colli 'Nhad mor sydyn ddim yn help.'

'Dwi'n cael yr argraff fod angen iti ddod i delere â hynny.'

Daeth Esyllt i mewn i'r stafell yn cario hambwrdd ac arno ddiodydd siocled.

'Dyma rywbeth i'ch cynhesu chi,' meddai wrth osod y mygiau ar fyrddau bach.

'Diolch, Esyllt,' meddai Garmon. 'Wyt ti am ymuno â ni?'

'Ddim nawr. Mae gen i negeseuon e-bost i'w hanfon.'

Sylwodd Dan fod Esyllt wedi cipedrych ar ei gŵr wrth basio. Ai pryder oedd ar ei hwyneb? Roedd hi'n gwybod, meddyliodd Dan, fod Garmon yn ceisio'i helpu.

Ar ôl i Esyllt gau'r drws ar ei hôl, gofynnodd Garmon, 'Wyt ti'n gysgwr da?'

'Ddim bob noson,' cyfaddefodd Dan. 'Fel arfer mi fydda i'n effro am rai oria.'

'Pam hynny?'

'Meddwl am bob math o betha. Cofio sut roedd petha ers talwm.'

'Ers talwm?'

'Pan oeddwn i'n ifanc. Fi oedd bach y nyth 'sti. Ro'n i'n datblygu barn am lawer o betha. Ond doedd aeloda eraill y teulu ddim am roi clust i 'marn i – hyd yn oed pan oedd fy marn i'n gywir.'

'Hm. Cymhleth y plentyn ieuenga, o bosib. Dy freuddwydion – sut betha ydyn nhw?'

'Cybolfa wirion.'

'Petha felly ydi breuddwydion.'

'Ac eto ...'

'Ia?'

'Mi fydd amball freuddwyd, neu hunlle, fel petai ... fel petai'n trio deud rhwbath wrtha i.'

'Dy isymwybod di ar waith. Ma' hwnnw weithie'n trio siarad â'r ymwybod effro.'

'Mae cap y seicolegydd yn amlwg iawn rŵan.'

Y tro hwn, wnaeth Garmon ddim ymateb i'r nodyn o goegni yn llais Dan.

'Cymhwyso egwyddorion seicoleg ydi llawer o 'ngwaith i.'

'Yn y coleg, roeddat ti'r un fath.'

'Mae gan seicoleg lawer i'w ddysgu i bob un ohonon ni,' meddai Garmon. 'Does dim rhaid inni fod yn seicolegwyr proffesiynol.'

'Ydi'r heip yn wir, felly?'

'Mae'n gallu dangos cryfdere rhywun. A'r pethe sy'n brin.'

'Pa fath o betha?'

'Pethe fel hapusrwydd.'

'Rhwbath haniaethol ydi hapusrwydd. Rhwbath anodd 'i ddiffinio.'

'Ia. Ond haniaethol neu beidio, ydi e'n rhywbeth sy gen ti ar hyn o bryd, Dan? Roedd 'na fwy o sbarc ynot ti ar un adeg.'

Wnaeth yr un o'r ddau dorri gair am rai munudau. Yna gofynnodd Dan, 'Be 'di cyngor Garmon y seicolegydd?'

'Mi ddwedest ti dy fod ti am fynd i Fryn Ffynnon.'

'Ydw. I glirio'r hen dŷ.'

'Wyt ti'n ddigon cry' i wneud hynny?'

'Ydw, siŵr iawn.'

'Yn ddigon cry' yn feddyliol?'

'Debyg iawn 'mod i. Dwi ddim wedi ca'l chwalfa nerfol.'

'Naddo. Ond mae'n bosib dy fod ti wedi ca'l lludded – burnout.'

'Burnout?'

'Effeithiau gorweithio.'

'Pam wyt ti'n awgrymu hynna?'

'Mi sylwais i yn ystod ein tro dy fod ti'n dangos rhai o'r symptome.'

'Fel?'

'Blinder. Agwedd braidd yn sgeptig. Sinigaidd hyd yn oed.'

Cododd Dan ar ei draed a sefyll wrth ffenest fwyaf y lolfa. Gwelodd wiwer yn rhedeg ar draws y lawnt a dringo boncyff un o'r coed bythwyrdd.

'Hwyrach y bydd ymweld â'r hen Wynedd yn help,' awgrymodd Garmon.

'Hwyrach wir. Therapi'r mynyddoedd.'

'A byddai'n syniad da iti fynd â llyfr sgrifennu efo ti.'

'Pam?'

'I nodi dy argraffiadau.'

'Argraffiadau?'

'Y pethe o dy gwmpas. Y pethe sy'n dod â'r gorffennol yn fyw iti. Yn arbennig y pethe rwyt ti'n eu cofio am dy dad.'

'Dwi ddim am sgwennu'i gofiant o.'

'Ond mi allet ti nodi dy argraffiadau am bob math o bethe. Cynnwys hefyd rhai o dy atgofion am dy dad a phobol eraill.'

'Pam?'

Symudodd dau o'r crychau ar dalcen Garmon wrth iddo ateb. 'Mae sgrifennu'n gallu helpu mewn sawl ffordd.'

'Enwa un.'

'Gallai dy helpu i gael pethe oddi ar dy frest, allan o dy system. Mae sgrifennu am y gorffennol yn gallu bod yn ffordd o roi trefn arno fe.'

Y noson honno, er y ddiod o siocled poeth, roedd ei sgwrs ddiweddaraf gyda Garmon yn mynnu chwarae fel tâp recordio yn ymennydd Dan. Er hynny, rywbryd yn ystod yr oriau mân, fe lwyddodd i gysgu, a chafodd un o'r hunllefau clir a nodweddai ei gwsg o bryd i'w gilydd. Roedd yn ddeuddeg oed ac wedi mynd am dro gyda'i dad a'i frawd, Ifor, i gyffiniau Llyn Crafnant. Roedd ei dad a'i frawd yn awyddus i gerdded y llwybr i Gapel Curig.

'Ewch chi,' meddai wrthyn nhw. 'Dwi am aros yma.'

'Pam?' gofynnodd Ifor.

'I dynnu llunia.'

'Efo dy gamera newydd?'

'Ia.'

Parchodd y ddau ei ddymuniad.

'Fe fyddwn ni'n ôl erbyn canol y pnawn,' meddai ei dad.

Teimlad rhyfedd oedd eu gweld yn mynd o'r golwg ar y llechwedd. A sylweddolodd yn sydyn ei fod ar ei ben ei hun, profiad prin i un o blant y dref. Clywai frân yn crawcian yn yr entrychion, ond doedd yna ddim siw na miw o fyd pobl i'w glywed ar gyfyl y lle.

Dechreuodd gerdded i gyfeiriad craig fawr noeth oedd wedi cael digon o amser ers Oes yr Iâ i dyfu mantell o dyfiant ac wedi gwrthod ei chyfle. Gafaelai ei law dde yn dynn yn ei gamera rhad, a cherddodd ar draws dau gae gwag nes cyrraedd gwaelod y graig. Dechrau dringo. Symud fel gafr ystwyth, yn uwch ac yn uwch. Cyrraedd silff yn y graig ac agor caead ei gamera. Dal ei gorff yn llonydd, heb anadlu, wrth graffu drwy'r ffenest ar yr olygfa islaw: y llyn a'r coed yn y pellter.

Ar ôl tynnu'r llun, dechrau dringo i lawr. Sylweddoli'n sydyn na all symud. Dim lle i osod ei droed. Trio dringo'n uwch.

Hynny'n her hefyd. Gweiddi wedyn. Neb yn clywed. Ei galon yn curo'n wyllt a'i goesau'n dechrau llithro. Ewinedd y graig yn crafu croen ei grimogau. Ei fysedd yn methu dal gafael. Pwll ei galon yn crynu. Ei gorff i gyd yn llithro. Dechrau sgrechian.

'Dan? Dan! Wyt ti'n iawn?'

Llais Esyllt. Roedd hi'n curo â'i dwrn ar ddrws ei lofft. Cododd ar ei draed ac agor y drws.

'Wyt ti'n iawn?' holodd eto.

'Ydw. Pam wyt ti'n gofyn?'

'Roeddet ti'n gweiddi ac mi ddaru ni ddeffro.'

'Siarad yn 'y nghwsg oeddwn i?'

'Mwy o weiddi nag o siarad.'

'Mae'n ddrwg gen i.'

'Dim angen ymddiheuro. Roedd Garmon yn dweud taw dyna oedd yr esboniad. Ro'n i'n poeni ...'

Roedd gofid yn amlwg yn ei hwyneb. 'Wyt ti'n siŵr dy fod yn iawn?'

'Ydw.'

'Da iawn.'

'Esyllt,' meddai llais Garmon y tu ôl i'w wraig, 'ydi popeth yn iawn?'

'Popeth yn iawn. Dan wedi cael hunlle, dyna i gyd.'

'Dewch i'r gegin i gael paned.'

* * *

Erbyn hanner awr wedi deg roedd Dan wedi ymolchi, gwisgo a gwasgu ei ddillad a manion eraill yn ei gês a gosod hwnnw yng nghist y Quattro.

'Wyt ti'n siŵr dy fod yn iawn i yrru?' gofynnodd Garmon, a safai wrth ymyl Esyllt rhwng y drws cefn a'r car.

'Ydw.'

'Ac yn ddigon effro?'

'Ydw.'

'Er gwaetha'r hunlle?'

'Dwi'n *iawn*.'

'Wyddost ti fod breuddwydio yn help iti gysgu?' gofynnodd Garmon.

'Sut hynny?

'Drwy ddiddanu.'

'Fel gwylio ffilm.'

'Ia.'

'Does gen i ddim i'w ddeud wrth ffilmia arswyd.'

'Na finne. Ond falle fod angen ein dychryn ni weithie. *Ergo*, hunllefe.'

'Tybed?'

'Yn ôl rhyw arbenigwr yn Cape Town, ma' breuddwydio'n ffordd o gadw'n iach yn feddyliol.'

'Wyt ti'n credu hynny?'

'Dyna farn rhai o'r gwyddonwyr yn y maes.'

'Pwy?'

'Dr Antti Revonsuo yn un.'

'Pwy?'

'Gwgla'i enw o pan gei di gyfle. Mae o'n damcaniaethu fod ein cyndeidie ni'n arfer ca'l hunllefe tebyg i'n rhai ni.'

'Anodd profi hynny.'

'Amhosib,' cytunodd Garmon â gwên, 'Ta waeth, mae hunllefe, medde fe, yn ffordd o'n paratoi ni ar gyfer bygythion yn y byd go iawn.'

'Fel mae straeon yn gallu gwneud?'

'Ia, o bosib. Mae'n bryd iti danio'r injan yna.'

Ysgwyd llaw â Garmon. Ysgwyd llaw ag Esyllt a rhoi cusan ar ei boch. Diolch iddyn nhw eto am eu croeso. Codi llaw drwy'r ffenest wrth weld y ddau o flaen y drws yn pellhau yn y drych.

Ymhen chwarter awr, dechreuodd Dan ymgolli yn y daith. Er ei fod yn adnabod y ffordd yn eitha da, sylwai o bryd i'w gilydd ar enwau lleoedd nad oedd wedi sylwi arnyn nhw erioed o'r blaen: Glyn Cywarch, Glan Ebolion, Talar-y-mynydd. Er mor fach oedd Cymru, meddyliodd, roedd hi'n ddigon mawr i guddio pob math o bethau, yn olion Rhufeinig a llu o bethau eraill.

Wrth i'r prynhawn ddechrau tynnu ei draed ato, roedd Dan yn dechrau agosáu at y ffin anweledig rhwng canolbarth a gogledd Cymru. Ni lwyddodd erioed i ganfod union leoliad y ffin honno. Dydi hi ddim yn neidio atoch chi'n sydyn fel carw yn neidio ar fonet eich car o ganol y coed. Ac yn wahanol i geirw prin, dydi hi ddim i'w gweld chwaith ar un arwydd ffordd. Gan bwyll yw ei harwyddair. Cyfrinachol yw ei dull. Mae hi'n cropian tuag atoch yn slei bach heb i chi sylwi arni, heb i chi gofio am ei bodolaeth, hyd yn oed. Gweithia arnoch â'i hen hud i'ch soedio i gredu mai un canolbarth mawr yw Cymru i gyd. Ond hei presto! Dyna hi'r ffin rywle y tu ôl i chi bellach, a chithau wedi'i chroesi unwaith eto heb ei harogli na'i gweld. Chewch chi ddim dathlu fel pe baech yn croesi'r cyhydedd. A chewch chi ddim ymchwilwyr tafodieithol yn rhedeg ar eich ôl i roi enghreifftiau o'r 'i' yn troi'n 'u'. Eto i gyd, lle cynt, rai munudau'n ôl, yr oeddech yn y canolbarth, mae'n rhaid i chi gyfaddef rŵan, a'r mynyddoedd go iawn yn dechrau'i sgwario hi o'ch cwmpas, eich bod chi yn y gogledd go iawn. Do, do, mi weithiodd tric y ffin eto, fel y gweithiodd y tro diwethaf a phob tro o'r blaen.

Erbyn i Dan gyrraedd Gwynedd, roedd y cyfnos ar ei warthaf a'r haul yn dechrau machlud. Ymhen ugain munud roedd tywysog y dydd wedi ildio i'w dranc a'r nos wedi dod i'w theyrnas, ac wrth i'r car ddringo'r allt gul tuag at yr ardd o flaen Bryn Ffynnon, dechreuodd Dan ddyfalu sut y byddai'n llwyddo i weld ei law o flaen ei drwyn. Yn ffodus, roedd hi'n noson loergan, ac ar ôl iddo gamu allan o'r Quattro ac ymestyn ei gefn a'i freichiau, gwelodd fod golau'r lleuad yn taflu cysgodion ar draws yr ardd.

Ag allweddi'r car yn ei law, mae'n teimlo llafn o banig wrth sylweddoli nad yw'n cofio ble mae allweddi Bryn Ffynnon.

'Ble gythgam ma' nhw?' gofynnodd dan ei wynt.

Mae'n gwybod bod ei byliau o banig yn gallu trawsnewid i fflach o anghofrwydd. Ar adegau o'r fath, wrth gwrs, rhaid ymdrechu i gadw'i nerf. Anadlu'n ddwfn. Edrych o'i gwmpas, a gweld bod y wal gerrig yn dal yno. Edrych i lawr a gweld bod y gwellt hir a'r chwyn yn dal yno o dan ei draed. A'r foment honno caiff chwa o ryddhad wrth gofio geiriau ei gefnder: 'Dwi 'di gadael y goriada i ti yn y lle saff arferol.' Wrth gwrs, y garreg ithfaen! Cerdded at ochr y tŷ ac agor y giât bren yno. Chwilio am y garreg, a dyna hi yn y lle arferol, wrth droed un o'r ddau fin sbwriel. Plygu i lawr a gwenu wrth weld yr allweddi melyn yn sgleinio yng ngolau'r lleuad. Yna teimlo'u pwysau cysurus yng nghledr ei law.

Pan wthiodd ddrws ffrynt y tŷ yn agored, teimlodd fod rhywbeth yn rhwystro'r drws rhag agor yn llyfn. Dim byd rhyfedd yn hynny, meddyliodd, gan blygu a chodi'r amlenni a'r taflenni hysbysebu. Gwasgu switsh y golau trydan yn y lobi, yna switsh golau'r gegin gefn. Gosod yr amlenni a'r hysbysebion ar fwrdd y gegin ac yna llenwi'r tegell â dŵr o'r tap gan edrych 'mlaen at baned o de yn wobr am gyrraedd.

* * *

Cerddodd drwy'r tŷ i sicrhau nad oedd lladrad na damwain wedi digwydd ers iddo fod yma ddiwethaf. Y lolfa fawr, i ddechrau, gyda'i ffenest fwa a'i nenfwd uchel. Yn y gornel bellaf safai'r cloc wyth niwrnod yn bictiwr o urddas chwithig, ei bendil mawr yn ddistaw a llonydd. Roedd y lle tân agored yn wag a'r cadeiriau esmwyth yn unig a di-sgwrs. Yn y stafelloedd eraill hefyd, wrth iddo ymweld â nhw fesul un, yr un argraff a gafodd. Drwy'r tŷ roedd popeth fel yr oedd, pob dodrefnyn yn ei le, pob offer a theclyn yn barod i rywun eu defnyddio. Ond popeth yn farw. Roedd y tŷ wedi ymadael ag ef ei hun.

Yn ôl yn y gegin gefn, wrth sipian ei de a chnoi'r deisen yr oedd Mali wedi'i rhoi iddo cyn gadael y ddinas, cofiodd yn sydyn am y garreg ithfaen yn ei safle unig wrth droed y bin sbwriel. Aeth allan i'w nôl a'i gosod ar y bwrdd o'i flaen.

Tair modfedd o uchder wrth bedair modfedd o led a phedair modfedd o hyd. Llwyd yw ei lliw. Ei harwyneb uchaf yn sgleinio fel arwyneb carreg fedd. Yn yr arwyneb, wedi'i sodro'n gelfydd, mae cylch o fetel, dolen solet, sy'n hwylus ar gyfer codi'r garreg a'i chario. A dyna ni. Oedd yna unrhyw beth arall i'w ddweud amdani? Mae'n cofio i'r garreg gael ei rhoi i'w dad flynyddoedd yn ôl gan Mr Williams Caer Sidi a weithiai yn Chwarel Maen y Môr. Rhaid ei fod wedi'i llunio a'i naddu yn arbennig ar gyfer ei dad. A'i rhoi iddo wedyn, yn ddyfais gyfleus i gadw drws ffrynt y tŷ, Awelon, rhag clepian yn y gwynt.

Pam y treuliodd Mr Williams ei awr ginio yn llunio'r fath beth ac ymdrafferthu i sodro'r ddolen fetel – pwy a ŵyr sut? – mewn modd mor gelfydd fel na lwyddodd oes o sefyllian y tu allan i ddrysau ei llacio na'i rhyddhau?

Fe ddilynodd y garreg deulu Dan drwy'r blynyddoedd. Ble bynnag y câi ei gosod, arhosodd yno'n ffyddlon heb symud o'i lle, heb lacio'i chylch. A hithau wedi aros cyhyd drwy bob tywydd y tu allan i ddrysau mwy nag un tŷ, ei chylch metel yn wahoddiad clir i ladron, mae'n syndod na chafodd ei dwyn na'i difrodi. Mae'n wir na fuasai hi o werth ariannol i neb. Ond i Dan, y munudau hyn yng nghegin Bryn Ffynnon, mae hi'n drwm o atgofion. Yn ei chrefftwaith syml mae'n gweld adlewyrchiad o wyneb crwn a hwyliog Mr Williams Caer Sidi. Gwêl ôl llaw chwarelwr oedd am blesio ei weinidog cyn i hwnnw, y dyn a ddaeth â'r newyddion da i'r pentref, symud o'r fro a'r ofalaeth i dref bell ei ofalaeth newydd.

Wrth ddringo'r grisiau pren i'r llofft, meddyliodd Dan am

yr holl bobl a fu'n byw ym Mryn Ffynnon dros y blynyddoedd, a'i dad yn eu plith tan ei fod yn naw oed a phan fu rhaid i'r teulu symud i dŷ mewn rhes â rhent rhatach. Flynyddoedd lawer yn ddiweddarach, ar ôl iddo ymddeol, y prynodd ei dad Fryn Ffynnon. Pam y gwnaeth hynny, tybed?

A thybed sut brofiadau fyddai'r teulu wedi'u cael ym Mryn Ffynnon o ddydd i ddydd yn y blynyddoedd llwm rhwng y ddau Ryfel Byd? Wrth iddo frwsio'i ddannedd syniodd Dan nad oedd hwylustod tap i'w gael yma bryd hynny. I gael dŵr roedd rhaid i chi fynd â phiser yn eich llaw i'w nôl o'r ffynnon fach yng nghefn y tŷ. Cofiodd Dan y tro cyntaf iddo weld y ffynnon honno pan oedd yn blentyn. Prin y byddai rhywun o bell yn sylwi ei bod yno, yn ei chuddfan dywyll o dan ei chaead llechen wrth fôn y clawdd cerrig. Ar awgrym ei dad pan aeth â'i ddau fachgen, Ifor ac yntau, i weld ei hen gartref un tro, cododd Dan y llechen a synnu wrth iddo weld arwyneb annisgwyl y dŵr. Mentro rhoi ei law ynddo. Teimlo sioc ei oerni. Yna gosod y llechen yn ôl yn ei lle mor ofalus â phetai'n cuddio trysor.

Cyn mynd i gysgu, estynnodd Dan am ei ffôn symudol i gysylltu â Mali. Roedd neges destun yn ddigonol am y tro.

'Wedi cyrraedd. Taith hwylus. Wyt ti'n iawn?'

Daeth ateb Mali ymhen pum munud: 'Braf clywed gen ti. Iawn yma. Cysga'n hapus. xx.'

Roedd y fatres yn galed, a go brin y deuai cwsg yn brydlon. Estynnodd am y nofel drwchus yr oedd wedi dechrau ei darllen, *Infinite Jest* gan David Foster Wallace. Mor wahanol oedd byd y nofel honno i'w amgylchedd presennol. Roedd hi wedi'i gosod yn Unol Daleithiau America a Chanada, ac un o leoliadau'r stori oedd coleg a roddai bwys mawr ar chwarae tennis. Wrth iddo ddarllen dalennau agoriadol y gyfrol, ceisiai Dan ddychmygu'r lle hwnnw. Yna dyfalodd faint o Gymry'r presennol oedd yn astudio mewn sefydliadau o'r fath yn America, a pha agoriadau fydden nhw'n eu cael ar gyfer eu doniau. Yn sicr roedd lleoedd o'r fath yn wahanol iawn i'r lle hwn, Cwm Golosg.

Wrth i amrannau Dan drymhau, meddyliodd eto am ei gartref yn y ddinas, ei gysuron yno a'i wely, a Mali wrth ei ymyl. Yn sydyn gwyddai ei fod wedi croesi'r trothwy i gwsg, ei lygaid yn symud yn gyflym o dan ei amrannau. Breuddwydiodd ei fod yn cerdded yn y parc ger ei gartref. Bu'n glawio'n ddi-baid drwy'r nos, ac erbyn y bore roedd glaswellt a choed y parc yn wlyb diferol.

Mae'n cerdded ar ei ben ei hun ac yn teimlo'n drist heb wybod pam. O gyfeiriad yr ysbyty, cerdda ci bach du ar hyd y llwybr pridd sy'n rhedeg ar hyd ymyl y parc yn gyfochrog â'r ffordd a'r palmant. Tybed ydi hwn hefyd yn drist? Soniodd Churchill ambell waith am ei iselder: *my black dog*. A fu'r iselder iddo fo, fel i David Foster Wallace, mewn rhyw fodd paradocsaidd, yn ffrind yn ogystal ag yn elyn, yn sbardun i waith a chreadigrwydd?

Ar y llwybr, o flaen y ci yn y parc, mae pwll o ddŵr glaw. Drwy gamu ar y cae, sydd ar y naill ochr i'r llwybr, neu ar y palmant, sydd ar yr ochr arall, bydd y ci yn gallu cerdded heibio i'r pwll yn rhwydd. Ei ddewis yn hytrach yw cerdded yn syth i mewn i'r pwll o ddŵr. Yna gorwedd ynddo, troi ar ei ochr a'i gefn, teimlo'r dŵr yn gwlychu ei flew hyd at ei groen. Wedyn mae'n sefyll yn y pwll o ddŵr, sy nawr yn fwy mwdlyd nag o'r blaen, cerdded allan ohono a sefyll drachefn ar y llwybr. Yn y fan honno, union gyferbyn â Dan, mae'r ci yn ysgwyd ei holl gorff yn egnïol nes bod y dafnau'n tasgu o'i gwmpas. Â'i gynffon yn ysgwyd, cerdda yn ei flaen yn gwbl fodlon ei fyd.

* * *

Pan ddeffrodd Dan fore drannoeth, cyn iddo agor ei lygaid gwrandawodd ar synau ei amgylchedd agos. Yn wahanol i'r bore yn y ddinas, lle nad oes llawer o synau'r strydoedd yn treiddio drwy ffenestri dwbl ei dŷ, yma yn llofft Bryn Ffynnon mae sawl sŵn i'w glywed yn glir. Sŵn modur yn dringo'r allt tuag at y tai cyfagos, sŵn ci yn cyfarth yn y pellter. O'r awyr uwch y coed sydd ar y llechwedd led cae o'r tŷ daw crawc brân fynydd i'w atgoffa, petai raid, ei fod yng nghysgod cewri Eryri.

Codi o'r gwely a gwisgo amdano a llongyfarch ei hun iddo brynu torth a llefrith a manion eraill yn ystod ei daith ddoe. Wrth fwyta'i dost ac yfed ei goffi, mae'n meddwl am y diwrnod sy'n dechrau agor o'i flaen. Sylweddola fod ganddo gryn orchwyl yn ei herio ar ffurf y pentyrrau o bethau a phapurau roedd ei dad wedi'u gadael ar ei ôl pan fu farw mor sydyn. Ar ôl gosod trefn ar y pethau hynny, byddai'n bryd i'r symudwyr dodrefn wagio gweddill y tŷ.

Wrth iddo olchi cwpan a phlatiau'i frecwast yn sinc fawr y gegin gefn, sylwa fod dŵr y mynydd sy'n llifo o'r tap yn anarferol o oer, bron cyn oered â'r dŵr a lifai o dap y gwesty yn Awstria yr arhosodd Mali ac yntau ynddo yn ystod eu gwyliau cerdded yr haf diwethaf. Er iddo sylwi fod clwt o eira ar ambell un o'r copaon, doedd o ddim wedi dychmygu y byddai'r dŵr mor iasoer. Cafodd wybod y gwir mewn modd mwy cofiadwy pan ymwelsant â llyn Achensee. Mentrodd nofio yn nŵr y bae pellaf heb ddychmygu y byddai'i oerni'n gafael ac yn treiddio hyd at fêr ei esgyrn.

'Rŵan, Dan,' meddai wrtho'i hun, 'mae'n bryd iti dorchi llewys, boi bach, a mynd i'r afael â dy waith.'

Y lle amlwg i ddechrau oedd y stydi. Yno roedd hen ddesg ei dad, yr un gochliw â chaead llydan yr oedd yn rhaid ei godi i weld y pedwar drôr bach. Ar wyneb y ddesg roedd llun o'i dad, wedi'i osod yno, mae'n siŵr, gan ei fam cyn iddi symud i'r cartref gofal.

Doedd y Parch. Arfon Rhys ddim yn un hawdd i'w ddal mewn llun. Dim ond i chi bwyntio camera ato a chyfri i dri, fe welech fod ganddo gast o osod ei wyneb mewn ystum arbennig – arbennig o sâl. Hwn oedd ei wyneb gwneud ar gyfer y camera. Os byddai ei ysgwyddau i'w gweld yn y llun, byddent yn sgwâr ac annaturiol. Os byddai ei wefusau'n gwenu, byddai'r wên yn gam ac ar ogwydd. Hon oedd ei wên wneud.

Weithiau, fodd bynnag, ar adegau prin, byddai modd i chi ei ddal pan nad oedd yn disgwyl i unrhyw un dynnu ei lun. Bryd hynny, os oeddech yn ffodus, roedd modd i chi ddal wyneb yr ennyd, wyneb y dyn a oedd wrthi'n symud drwy'r broses o fyw. Llun felly a wêl Dan yn awr. Nid yw Arfon Rhys yn edrych ar y camera. Mae ei ben fymryn ar ogwydd, y llygaid y tu ôl i'r sbectol ymyl aur yn edrych ar rywun sy'n sefyll y tu allan i ffrâm y llun. Mae ei aeliau tywyll yn ddau ofynnod du mewn gwrthgyferbyniad â'r croen golau. Y trwyn yn gymesur, ac yna'r wên sydd, ar yr olwg gyntaf, yn debyg i wên gam ei wyneb smalio ar gyfer y camera. Ond y tro hwn, gan nad yw Arfon Rhys yn ymwybodol o'r camera, mae'r wên yn un naturiol ac, mewn cyfuniad â gweddill y llun, yn rhoi argraff – dim ond hynny, ond argraff argyhoeddiadol – o'r cymeriad dilys y tu ôl i'r wên.

Yna'r ddesg. Cofia Dan fod rhyw hud arbennig yn perthyn iddi pan oedd o, yn blentyn ifanc, yn teimlo â'i fysedd lyfnder ei harwyneb ac yn dyfalu beth oedd ei chynnwys. Yn stydi ei dad ym Mryn Glannau oedd y ddesg bryd hynny. Sut y daeth hi, tybed, i feddiant ei dad? Hwyrach iddo'i chael yn anrheg adeg ei briodas. Sut bynnag y daeth yno, hi oedd arglwyddes y stydi, ac yn ei droriau hi – y rhai bach a'r rhai mawr – y cadwai ei dad ei ddyddiaduron poced, ei lyfrau cyhoeddiadau a'r llyfrau nodiadau tenau a ddefnyddiai ar gyfer ei bregethau. Ymhlith y papurau hynny, roedd ambell wrthrych bach arall oedd yn denu llygaid y Dan ifanc. Tybed oedden nhw i'w gweld yma o hyd?

Agorodd Dan gaead y ddesg ac agor y drôr bach ar y chwith a'r peth cyntaf a wêl yno yw hen gyllell boced ei dad. Carn brown plastig tebyg i asgwrn corn carw sydd iddi, a chyn ei defnyddio roedd rhaid tynnu'r llafn dur allan o'r carn. Fel y gwnaeth droeon yn blentyn, mae Dan yn gwneud hynny'n awr. Drwy osod ewin bawd ei law dde yn y rhigol fain ar frig y metel, mae'n agor y gyllell ac yn syllu ar y llafn. Dydi o ddim yn llafn cyfan. Mae wedi'i wisgo'n denau yn y canol ar ôl i'w dad ei hogi'n finiog bob gwanwyn cyn mynd am dro i'r dyffryn i chwilio am frigau i dyfu pys. Un o'i ddefodau blynyddol oedd hynny, a'r gyllell hon oedd yr offeryn addas ar gyfer y gwaith. Doedd hi ddim yn gyllell ddrud. Ond, fel y tystia ei llafn, roedd ei dad wedi'i chadw'n ofalus dros y blynyddoedd. 'Popeth at fy iws,' oedd un o'i ddywediadau.

Y peth nesaf a wêl, yn y drôr bach arall ar y chwith, yw hen waled ei dad. Lledr brown yw ei gwneuthuriad ac mae ei meingefn wedi gwisgo gan flynyddoedd o ddefnydd. Y tu mewn iddi mae pocedi tenau pwrpasol ar gyfer diogelu arian: £10, £5, £1 medd y penawdau bach mewn paent aur. Hefyd mae poced denau o dan y gair 'Cards' a phoced o dan y geiriau 'Insurance Certificate' ac un arall o dan y geiriau 'Driving Licence'. Ers dyddiau plentyndod cafodd Dan, fel ei frawd a'i chwaer, ei ddysgu i barchu eiddo pobl eraill. Hyd yn oed yn awr, teimla fymryn o chwithdod wrth iddo fentro gafael yn y waled wag.

Tybed faint o arian a gedwid yn y waled hon drwy gydol y blynyddoedd? Yn sicr, ni welodd Dan fawr o gelc ynddi erioed. Faint fyddai ei dad wedi ei ennill pan ddechreuodd weithio yn y chwarel yn bedair ar ddeg oed yn 1929? Holodd Dan ei dad un tro a chael yr ateb, 'Yn 'y mlwyddyn gynta, fel rybelwr 'sti, ro'n i'n ennill swllt ac wyth geiniog y dwrnod. Ymhen chwe blynedd ro'n i'n ennill chwe swllt a chwe cheiniog y dydd.'

'Pam aethoch chi i weithio i'r fath le?' oedd cwestiwn nesaf y mab.

'Dim llawar o ddewis, 'sti. Roedd Mam yn wraig weddw ers i 'nhad farw'n ifanc.'

'Pryd oedd hynny?'

'Yn 1923. Pan oedd hi'n fyd gwan ar y chwareli, mi aeth o i lawr i'r de i chwilio am waith yno.'

'Lwyddodd o?'

'Do. Mi gafodd o waith yn un o'r pylla glo. Roedd o'n anfon y rhan fwya o'i enillion i Mam a'r plant, wrth gwrs.'

'Oedd bywyd yn anodd iddo yn y de?'

'Mi roddodd T. Rowland Hughes ddarlun teg o'r cyfnod – y problema a ddaeth yn sgil y Rhyfel Mawr a phobol yn trio crafu byw.'

'Be dach chi'n 'i gofio am eich tad?'

'Ychydig iawn, gwaetha'r modd. Mae gen i un llythyr a anfonodd o o'r de yn sôn am ei hiraeth am ei wraig a'i blant ym Mryn Ffynnon. Mae'r gân yn rhoi cip inni ar ei deimlada.'

'Ydach chi'n cofio'r gân?' Gwyddai Dan fod gan ei dad gasgliad o ganeuon a cherddi ar ei gof. Byddai weithiau'n caniatáu iddo'i hun y rhyddid i addasu'r fersiynau gwreiddiol. Dangosodd y penillion a anfonodd ei dad at y teulu ac yntau mor bell i ffwrdd.

Nid hawdd yw ceisio canu
   Yn alltud ar fy hynt;
Nid hawdd yw taro'r cywair llon
   Fel yn y dyddiau gynt.

Nid hawdd anghofio'r bwthyn
   Lle trig fy nheulu cu;
Nid hawdd yw bod yn ysgafn fron
   Dan orthrwm hiraeth du.

Pe gallet wrando pa mor drom
   Mae'r galon hon yn curo,
Rwy'n siŵr y gwnaet y funud hon
   Yn llawen fy nghysuro.

A phan gawn ninnau gwrdd ynghyd
   Rôl crwydro'r byd anfodlon,
Rhyw nefoedd fach mewn tawel fyd
   Fydd cartref clyd Bryn Ffynnon.

Ar ôl dangos y gerdd, edrychodd Arfon Rhys drwy ffenest y stydi. Ac meddai, 'Un atgo sy gen i amdano fo. Ro'n i'n wyth oed ar y pryd, ac roedd o'n cerddad tuag ata i dros ysgwydd y foel. Mi fuo fo farw'n fuan wedyn.'

'Marw o be ddaru o?'

'Haint ar 'i 'sgyfaint o.'

'Ble gafodd o hwnnw?'

'Yn y chwaral a'r pwll glo, o bosib. Ac mi fuodd o'n gweithio am blwc yn y Gwaith Powdwr ym Mhenrhyndeudraeth.'

'Sut le oedd hwnnw?'

'Gwaith g'neud ffrwydron oedd o, 'sti, y mwya o'i fath yn Ewrop ar un adag. Mi gynhyrchon nhw filoedd o dunelli o'r stwff.'

'Stwff?'

'Ffrwydron.'

'Ffrwydron ar gyfer be oeddan nhw?'

Gostyngodd llais Arfon Rhys. 'Be 'ddyliet ti, Daniel? '*Munitions*, wrth gwrs. Arfa rhyfal. A ffrwydron ar gyfer y chwareli a'r pylla glo.'

Meddyliodd Dan am hynt y taid y cafodd ei enwi ar ei ôl ac a fu farw'n ifanc ac na welodd mohono erioed.

'Roedd y ffrwydron yn beryg bywyd, ac mi gafodd sawl un 'u lladd mewn damweinia – ym Mhenrhyndeudraeth ac yn y chwareli llechi.'

'Oeddach chi'n nabod rhai ohonyn nhw?'

'Cyd-weithwyr oeddan nhw. Wrth gwrs 'mod i'n 'u nabod nhw. John Thomas oedd un, Jac Tan'maes i'w ffrindia. Bachgan clên, tair ar hugain oed. Ym mis Mai 1930 roedd o'n gweithio ym Mhonc y Muria. Roedd 'na graig anferth i'w symud, ac er mwyn gwneud job iawn o'i saethu hi, mi dywalltodd Jac dwmpath o bowdwr du i hollt y tu ôl i'r graig. A'r peth nesa glywodd pawb oedd sŵn fel taran drwy'r chwaral. Chlywais i 'rioed sŵn tebyg. Cannoedd o dunelli o graig yn hyrddio i waelod y fargen. Jac druan. Mi gawson ni hyd i'w gorff o ar ganol y sinc.'

'Dim rhyfadd eich bod chi isio gada'l y chwarel ar ôl saith mlynadd.'

'Ddim gada'l oherwydd y damweinia wnes i.'

'Pam felly?'

'Y prif reswm oedd cael tipyn o hwb gan chwarelwr ro'n i'n gweithio efo fo. Ma'n rhaid 'i fod o wedi gweld rhyw lun o addewid yno' i. A dyma fo'n gofyn imi un bora, "Be ti'n 'i neud yn y lle 'ma, Arfon – â dy gefn at yr haul a'th wynab at y graig?" Mi ddaru 'i eiria fo adael 'u marc. Ac mi es i ati i weithio i ga'l mynd i'r coleg.'

'Ddaru chi fwynhau gwaith coleg?'

'Ar ôl saith mlynadd o waith chwarelwr, doedd gwaith llyfra ddim yn faich. Roedd o'n blesar pur.'

Gosododd Dan y waled wag mewn lle amlwg ar wyneb y ddesg, yn barod i'w gosod gyda'r pethau eraill i'w cludo ymaith, rhai yn y Quattro a rhai mewn fan cludo dodrefn. Wrth iddo deimlo'i lledr yn ei law, cofiodd deimlad croen llaw ei dad wrth iddyn nhw ysgwyd dwylo. Profiad rhyfedd oedd hynny. Doedd plant nac oedolion y teulu ddim yn rhai garw am gofleidio. Rhywbeth a ddigwyddai i bobl eraill oedd hynny. Byddai Dan wedi hoffi coflaid o bryd i'w gilydd.

Hawdd gweld llwch ar fodur gwyn. Er bod cyffyrddiad corfforol gan ei dad yn beth prin, roedd ei ofal ymarferol yn fawr. Cofia Dan y cymorth ariannol a gafodd ganddo ambell dro dros y blynyddoedd, a hynny yn y dyddiau pan nad oedd Banc Dad a Mam yn cynnig cymorth cyson. Dyna'r tro yr aeth hi'n ddrwg rhwng Dan a Banc y Midland, sef banc y teulu. Roedd rheolwr y gangen leol ym Mryn Glannau wedi gwrthod anrhydeddu siec a lofnodwyd gan Dan. Meddai Dan wrth 'i dad, 'Fedra i ddim dibynnu ar y banc 'na. Mi fydd rhaid imi symud 'y nghyfri.'

Edrychodd ei dad arno gyda golwg o syndod a chonsyrn. 'Gada'l y Midland? Bobol, wyt ti'n meddwl y byddan nhw'n medru dal ati?' Yr un nodyn o goegni ysgafn oedd yn ei lythyr at Dan ymhen rhai dyddiau wedyn.

Datododd Dan y rhuban a ddaliai'r pecyn o lythyrau a gadwyd gan ei dad yn y drôr gwaelod. Roedd enw ei dad ar rai o'r amlenni, a hynny yn llawysgrifen Dan pan oedd yn y coleg. Ar nifer o'r amlenni eraill roedd enw a hen gyfeiriad Dan, yn llawysgrifen ei dad. Tybed pam y gwnaeth ei dad gadw'r hen lythyrau hyn gyda'i gilydd? Wrth ofyn y cwestiwn, cofiodd i'w dad, rai blynyddoedd cyn ei farw, ofyn i Dan ddod â'r llythyrau iddo. Rhaid ei fod wedi bwriadu sgrifennu rhywbeth cysylltiedig â nhw – ysgrifau neu atgofion, o bosib – gan feddwl y byddai'r llythyrau rhyngddo a Dan yn sbardun i'w gof.

Tynnodd un o'r llythyrau allan o'i amlen. Nodyn oedd hwn oddi wrth ei dad pan oedd Dan yn fyfyriwr yng Ngholeg y Don.

Bûm yn y banc ddoe. Gofynnodd Mr Slater imi fynd yn feichiau drosot hyd £150. Tybiai Mr Slater dy fod yn barod o gwmpas canpunt i lawr a rhois £200 yn dy gyfri. Fe ataliais y dirprwy oruchwyliwr rhag mynd ar ei liniau i beidio â symud dy gyfri oddi yno fel yr oeddit yn bygwth. Ond bydd raid iti drefnu dy fyw yn y dyfodol agos.

Ac meddai cyn cloi:

Dim newydd, a dim amser i'w hela – pregethau yfory a dim arall. Wedyn, yr ochr arall i Himalaya yfory, mi orffennaf deipio tamaid a addewais i'r Wasg. Mae blaen ewin dau fynegfys wedi torri'n barod a minnau ond wedi teipio'i draean.

Bu'n wythnos brysur – ac o dan annwyd. Cawsom un egwyl fach am ryw ddwyawr bnawn Iau yng nghlogwyni ogofeydd y Cwm: lle gogoneddus, clychau'r gog o dan y coed uchel a sŵn adenydd adar mawr dirgel yn rhywle yn nhop y brigau yn cadw gwyliadwriaeth lygadog arnom.

Reit. Cofion,
Dy dad

Yn gwbl annisgwyl, wrth ddarllen y pwt o lythyr, dechreuodd y gorffennol lifo'n ôl i feddwl Dan. Cofiodd iddo dderbyn nifer o lythyrau o'r fath oddi wrth ei dad yn y 1970au. Erbyn hynny roedd Arfon Rhys wedi cyrraedd ei ganol oed a blynyddoedd canol ei yrfa. Tybed a fyddai darllen y llythyrau hyn yn rhoi cip iddo, bron ddeugain mlynedd yn ddiweddarach, ar gymeriad ei dad?

Ymhlith y bwndel llythyrau, sylwa fod un amlen fach ag enw morwynol ei fam arni. Codi'r amlen a thynnu'r llythyr allan:

Gorffennaf 7fed, 1942
Nos Fawrth

F'Anwylyd,
Rwy'n ceisio sgwennu cyn mynd i noswylio er mwyn treio ysgwyd ymaith yr ormes serch oddi ar fy meddwl. Dyma fi, mewn llawn feddiant o fy synhwyrau ac yn fy iawn bwyll, yn gorfod cyffesu yng ngŵydd y byd a'r betws fy mod yn anaele anobeithiol ddrylliog mewn cariad. Rwy'n ymdrechu yn ei erbyn, yn chwerthin ar ben fy nifrifwch, yn cellwair uwchben ac yn gwatwar yr hen stori ddisynnwyr, yn ffyrnig ac yn wyllt yn gosod brigâd dân pob gwatwareg a hunanddychan a feddaf i geisio diffodd y fflamau rhag iddynt fy llosgi yn grimpyn golsyn, ac eto rwy'n teimlo fy hun yn colli'r dydd. Yr ydych yn ormes

wastadol arnaf, yn hualau ac yn llyffetheiriau ar bob meddwl a dychymyg arall, yn fagnet sy'n tynnu bob meddwl a phob dawn ato'i hun. Wrth edrych dros fryniau pell yr oriau maith at ddydd Iau, rwy'n teimlo fy nerth yn ddim i wynebu'r disgwyl hir. Rwy'n gobeithio er eich mwyn eich hun nad ydych chi ddim yn gwingo dan ormes fel hyn. Ond tydych chi ddim, siawns.

Rwyf yn rhoi ffidil gwrthryfel fy annibyniaeth yn y to, gan amau a gaf ei thynnu oddi yno byth, ac amau'n fwy a ydwyf eisiau ei thynnu oddi yno byth. Wrth dywallt ffisig i boteli cleifion yfory fe ellwch ddweud mewn pob sicrwydd na fuoch fyw i weld eich pumed pen-blwydd ar hugain ar y ddaear heb lwyr a chwbl wirioni un dyn, er i hwnnw fod yn ddim ond dipyn o stiwdant Methodus digon diniwed. Y rhyfeddod mawr i mi ydyw na ymunai pob dyn priodadwy yng nghyffiniau Caernarfon â rhengoedd cleifion y doctor, rhag ofn bod siawns iddynt ennill calon a llaw ei 'gompownder'.

Yn serchus
yr eiddoch
Arfon xxxxx

Mae Dan yn gosod y llythyr yn ôl yn ei amlen. Peth felly, meddylia, oedd llythyr caru yn ôl yn haf 1942, yng nghanol yr Ail Ryfel Byd. Fel myfyriwr a'i fryd ar y weinidogaeth, roedd ei sefyllfa'n un freintiedig o gymharu â'r miloedd o ddynion yr un oed ag ef na chawsant gyfle i syrthio mewn cariad a phriodi. Cofiodd Dan y rhengoedd o gerrig beddau lle claddwyd gweddillion y rhai a laddwyd. Meddyliodd am y miloedd o ddynion ifanc rhwng 1939 a 1945 na chafodd y cyfle i brofi'r 'ormes serch' y soniai llythyr ei dad amdano. Gormes arall a brofon nhw, ac yn lle gwewyr serch cawsant y fraint o gael eu lladd dros achos 'teilwng'. Pa mor deg oedd hynny? Yr holl ddynion ifanc hynny'n syrthio ar faes y gad a cholli popeth tra oedd rhai fel ei dad, y darpar weinidogion a'r gweinidogion mewn swydd a'r gweithwyr ar y tir ac eraill, yn cael rhwydd hynt i fod yn ddilifrai a chael syrthio mewn cariad a phriodi a chael plant a symud ymlaen i'w dyfodol?

Wrth eistedd yn awr o flaen y ddesg yn nhawelwch Bryn Ffynnon, meddyliodd Dan am ei agwedd at yr arfer o gofio'r rhai a gollodd eu bywydau mewn rhyfeloedd. Wnaeth o erioed roi mwy na phum munud o sylw i'r pwnc. Ambell waith fe brynodd y pabi coch, ond nid yn aml. Digwyddodd fod yn bresennol mewn ambell gyfarfod dros y blynyddoedd lle ufuddhaodd i'r cais i sefyll ar ei draed gyda phawb arall yn ystod tri munud o dawelwch. Am beth y meddyliai yn ystod y munudau hynny? Doedd o ddim yn teimlo'n gryf o blaid nac yn erbyn yr arfer. Rhywsut doedd y rhyfeloedd a'r arfer o'u cofio ddim yn rhan o'i fywyd o. Problem pobl eraill oedd hi, problem cenhedlaeth ei rieni, rhywbeth od ac amherthnasol fel y mwgwd nwy gyda'i drwyn hir tyllog a'i aroglau cryf o rwber y daeth ar ei draws ymhlith trugareddau ei rieni yn y garej wrth dalcen tŷ'r gweinidog ym Maen y Môr.

Ond yn ddiweddar, wrth feddwl am y milwyr, y llongwyr a'r awyrenwyr marw, fe deimlodd newid ynddo'i hun. Methai â rhoi ei fys ar y newid hwnnw. Yn ogystal â'r chwithdod disgwyliedig yn sgil gwrando ar raglenni radio am y rhyfeloedd a gwylio rhaglenni teledu a wyntyllai'r un pwnc, teimlai anesmwythyd rhyfedd, euogrwydd hyd yn oed. Tra oedd yr holl bobl hynny yn ystod y ddau Ryfel Byd wedi colli'u bywydau, beth oedd ef, Dan Rhys, wedi llwyddo i'w wneud yn ystod ei fywyd breintiedig fel aelod cyfforddus o genhedlaeth y cynnydd? Er iddo fwynhau mesur helaeth o ryddid, a lwyddodd i gyflawni unrhyw beth o bwys â'r rhyddid hwnnw?

Roedd rhannau o'r llythyrau nesaf, a ysgrifennwyd ar ôl i'r tri chyw adael y nyth, yn atgoffa Dan o ddawn ei dad i ysgogi gwên. Mewn llawer o bethau roedd ei gyfaill Garmon yn debyg i'w dad, yn wynebu'r cysgodion â hiwmor.

Dyma ti'r pecyn yma tra bo'r post ar gael. Wel, ardderchog yntê, y streic yma. Roedd hi'n dda cynt nad oedd dim brys byth i ateb neb gan y gellid beio'r post, ond rŵan – dim angen ateb byth: na dim i'w ateb, dim bil na demand note na pheth. Dim ond i'r papurau fynd ar streic eto a phobl y teledu, ac mi fydd yn wynfydedig.

Mae'n ogoneddus o braf yma – a'r ardd yn tyfu'n ardderchog. Rwyf wedi gwirioni efo fy mherth tamarisk a'i blodau mân fel barrug ar hyd ei brigau ysgafn, a'm weigela a'i blodau pinc, ac yn ail wirioni wrth feddwl fy mod yn gwybod eu henwau – y naill wedi ei gael gan dy fam a'r llall trwy astudiaeth astrus o'r enw sy wedi ei glymu arni. Ond mae gen i ofn na chawn ni ddim tatws newydd cyn iti ddod adre.

Bu Nain yma tan ddoe – yma fel pe bai yn y jêl, er iddi gael panad yn ei gwely a brecwast wedyn cyn codi, a chadair a chlustog a llyfr a sbectol a'i ffon ar y lawnt, a chael mynd am dro i'r prom ryw ben o'r pnawniau a hufen iâ yn ei llaw. 'Mi rydw i yn mynd adre heddiw pe bai raid imi gerdded – dydi o ddim ots os nad oes neb yno, bod y tŷ yn damp, nad oes neb i edrych ar fy ôl.' Ac adre y bu raid i'th fam fynd â hi yn y pnawn, a phawb yno yn rhedeg a rhusio i gael rhyw drefn ar ei lle. Rydw i'n ymgysuro fy mod i o deulu byrhoedlog a bod pob tebygolrwydd na cha i ddim byw i fod yn hen.

Ac roedd y paragraff nesaf yn rhoi cip ar deimladau tad a geisiai wadu ei hiraeth wedi i'w dri phlentyn, erbyn hynny, adael y cartref:

Dwi ddim wedi dechrau teimlo hiraeth eto ar ôl neb ohonoch ond yn ymhyfrydu yn symlder bywyd lle nad oes ond dau. Ond mi fydd y cysur hwnnw mae'n debyg yn dechrau treio yr wythnos nesa.

Cofion annwyl
Dy Dad

Roedd rhan o'r llythyr nesaf, ym marn Dan, yn dangos ymgais gynnil ei dad, weithiau, i ddylanwadu arno:

Roeddwn yn falch iti fod yng nghlyw'r Newyddion Da ddydd Sul. Mae'n fwy peth o lawer gen i na'th fod yn ennill y gwobrau academaidd i gyd. Mae yna ddigonedd o bobl glyfar yn y wlad yma. Cristnogion sy'n brin.

Wrth iddo bendroni uwchben brawddegau o'r fath, cofia Dan am y modd cynnil ac ymatalgar y byddai ei dad yn siarad â'i blant a cheisio'n bwyllog ddylanwadu arnyn nhw. Roedd Arfon Rhys â digon yn ei ben i sylweddoli fod ei blant yn perthyn i genhedlaeth y cynnydd, cenhedlaeth a brofodd bwyslais mawr y 1960au a'r 1970au ar ryddid yr unigolyn. Sylweddolai hefyd fod y fath beth yn bod ag adwaith plant yn erbyn eu rhieni. Weithiau, fodd bynnag, gan gymaint ei awydd i weld ei blant yn arddel yr un safonau moesol a chrefyddol ag ef, byddai'r mwgwd yn disgyn a'i obeithion dros ei blant yn goresgyn ei fwriad i ymatal rhag rhoi cyngor a barn. Tybed ai'r prif reswm dros hynny oedd y ffaith iddo beidio â phrofi dylanwad tad ei hun?

Roedd y llythyr nesaf wedi'i ddyddio 12 Mai 1971 ac wedi'i anfon i garchar Abertawe. Dyma adeg y brotest yn y ddinas honno pryd y cafodd nifer o aelodau Cymdeithas yr Iaith eu carcharu, a Dan yn eu plith. Roedd Arfon Rhys, fel nifer o weinidogion eraill, yn gefnogol i'r brotest. 'Bydd y Sefydliad yn mynnu ennill yn gyhoeddus ond wedyn yn ildio yn ddistaw bach, rhag terfysg,' meddai. Gwelai hefyd rai o'r peryglon.

Rwy'n gweddïo na ddaw y profiad yma â chwerwder i dy fywyd. Roedd y tadau Cristnogol yn gorfod rhybuddio'r Cristnogion bore yn daer rhag ceisio merthyrdod, bod hynny'n beryg i borthi eu balchder a'u hunangyfiawnder, ac yn tynnu eu herlidwyr i fwy o euogrwydd.

Cofia fi at yr hogiau. Mae'n syndod y tu hwnt i eiriau bod cenedl y Cymry yn ei hanemia ysbrydol echrydus wedi eu magu. Ond rhaid gwylio rhag magu yn ein mysg y dicter a welwn yng Ngogledd Iwerddon.

Er bod ganddo lawer o waith clirio, penderfynodd Dan ei bod yn bryd iddo gael coffi. Un o ddywediadau diniwed ei dad ganol bore oedd 'Coffi yn y caffi'. Wrth wylio'r llefrith yn cynhesu yn y sosban, byddai'r sgwrs rhyngddo a'i fyfyriwr o fab yn dechrau. Ac yn aml, cyn i'r llefrith ddechrau berwi, byddai dadl yn dechrau ffrwtian rhyngddynt.

'Pam wnaeth eich cenhedlaeth chi gyn lleied?'

'Cyn lleied o be?'

'O brotestio.'

'Dros yr iaith?'

'Ia.'

'Wel, hwyrach fod materion eraill yn pwyso ar ein meddylia – yr Ail Ryfel Byd ac ati.'

'Deall hynny. Ond doeddech chi ddim yn teimlo dyletswydd i wneud rhywbeth dros yr iaith?'

'Rwyt ti'n iawn. Wnaethon ni ddim deffro i'n cyfrifoldeb. Ac eto ...'

'Eto be?'

'Er cymaint rwy'n edmygu'r hogia am eu safiad, dwi'n gweld peryg, weithia ...'

'Pa beryg?'

'Peryg inni droi'r iaith yn eilun. Pe baen ni'n ennill pob hawl iddi, byddai problema eraill yn parhau.'

'Pa rai?'

Ar y pwynt hwn byddai Arfon Rhys yn anadlu'n ddwfn cyn ateb. Gwyddai am beryglon seicolegol ennill dadl. Parchai hawl ei fab i ddarganfod pethau drosto'i hun.

'Dyna iti broblem pobol yn gwrthod dod 'mlaen â'i gilydd,

yn gwrthod cymodi, gwrthod maddau. Pwdu. Mae balchder a phechod yn plagio'r Cymry fel pob cenedl arall.'

'Dach chi'n dechra pregethu rŵan, diwedd cyfleus i bob dadl.'

'Hwyrach wir. Peryg pregethwr ydi pregethu. Ond y gwir ydi'r gwir, pregeth neu beidio. Mae'n bosib inni droi petha da fel iaith a diwylliant yn eilunod. Ac yn y diwedd ein siomi ni maen nhw. Cofia mai cyfrwng ydi iaith – cyfrwng hardd, cyfrwng gwych – nid y peth mwya gwerthfawr sy'n bod.'

'Ond mae cymaint o dir i'w ennill.'

'Oes. Ac mae'n iawn i ti a'r lleill dorchi llewys i ennill yr hawlia. Ond cofia'r dyfodol.'

'Pa ddyfodol?'

'Dwi ddim yn broffwyd. Ond mae 'na ddyfodol o'n blaen ni i gyd.'

'Mae hynna'n swnio fel dadl dros fod yn llipa, yn oddefol, yn ddiog.'

Ar y pwynt hwn, byddai Dan yn gwybod ei fod yn hwylio'n beryglus o agos at y gwynt. Roedd gan ei dad dymer, ac roedd hi'n bryd newid y pwnc. Ond na, roedd Arfon Rhys am orffen dweud ei ddweud.

'Cofia fod argyhoeddiada da yn gallu arwain at weithredoedd drwg. Does ond rhaid inni feddwl am Ogledd Iwerddon.'

'Maen nhw ar y blaen inni mewn llawer o betha. Yn fodlon ymladd dros eu hawlia.'

'Ydyn. A sbia ar y llanast sy'n dod i mewn pan mae parch a chymod ac ewyllys da yn mynd allan o'r ffenest.'

Wrth ddisgwyl i'r tegell ferwi, edrychodd Dan ar yr olygfa o'i flaen. Hon oedd yr olygfa a fu'n gefndir i fywyd ei dad – y gefnlen i'r cyfan a ddigwyddodd ar lwyfan ei fywyd. Dacw nhw: y mynyddoedd hirhoedlog fel petaent yn codi uwchlaw materion byrhoedlog y gwastatir. Wrth orffen ei goffi deffrodd Dan i'r hyn oedd o'i flaen. Roedd angen rhagor o focsys arno i gario'r llyfrau a'r mân bethau eraill, felly cychwynnodd i lawr i'r siop yng nghanol y pentref. Wrth iddo groesi'r rhiniog a'r gloch fach yn canu uwch ei ben, gwelodd ddyn ifanc mewn gwasgod ledr y tu ôl i'r cownter. Gofynnodd hwnnw, mewn Saesneg dysgedig, am beth y chwiliai.

'Dwi angen bocsys, os gwelwch yn dda.'

'Rhai bach neu fawr?'

'Rhai canolig, a digon cry' i gario llyfra.'

Cerddodd y dyn ifanc i gefn y siop a daeth yn ôl gyda bwndel o focsys nwyddau. Sylwodd Dan nad oedd pob un ohonyn nhw'n ddigon cryf ond gwyddai nad doeth fyddai cwyno. Daeth cyngor ei dad i'w feddwl. 'Mae angan inni i gyd ddysgu bod yn ddiolchgar. Paid â rhoi'r argraff i neb dy fod yn cael cam.'

Yn ôl ym Mryn Ffynnon cododd fwndel o lyfrau oddi ar un o silffoedd y stydi a'u gosod yn y ddau focs cryfaf. Yna seliodd y caeadau â thâp cryf. Dychwelodd wedyn at y ddesg ac agor y drôr mawr isaf. Y peth cyntaf a welodd yn nythu yno oedd bwndel arall o hen lythyrau a nodiadau wedi'u clymu â rhuban coch. Ar frig y bwndel roedd deunaw tudalen o nodiadau mewn llawysgrifen. Y pennawd ar frig y ddalen gyntaf oedd 'Hunangofiant Plentyn'. Doedd y gwaith ddim yn llawysgrifen ei dad ond yn llawysgrifen betrus rhywun arall. Yna sylwodd ar enw ar waelod dalen ddiwethaf y llith: Eirlys. Anti Eirlys, mae'n rhaid, a fagwyd ym Mryn Ffynnon. Dechreuodd Dan ddarllen:

Mewn pentre bychan heb fod ymhell o droed yr Wyddfa y'm ganed, yr ieuengaf o wyth o blant. Gadawyd fy mam yn weddw a hithau yn gymharol ifanc. Cof gennyf ei chlywed lawer gwaith yn sôn am yr amser caled a gaed yn yr oes honno: yr arian yn brin a phopeth yn ddrud i'w prynu. Mae'n siŵr iddi wneud heb lawer o anghenion ei hunan er mwyn i ni y plant gael ein digoni. Cofiaf ei chlywed yn dweud iddi gerdded i'r pentref agosaf, bron bedair milltir o ffordd, a minnau'n blentyn ifanc ar ei braich, ac wedi cyrraedd tŷ perthynas iddi, mynd ati i olchi golchiad mawr. Yna, wedi gorffen, troi'n ôl tua chartref gan deimlo'n falch iddi ennill ychydig o arian tuag at ei chadw.

Nid oedd ei gwaith ar ben. Wedi cyrraedd adref roedd eisiau tacluso a pharatoi bwyd erbyn y deuai'r plant o'r ysgol. Pawb bron â llwgu o eisiau bwyd, a neb yn poeni o ble byddai'n dod. Er mor galed oedd hi ar lawer i fam yr adeg honno, prin y sylweddolem ni'r plant eu helbulon. Ni phryderem chwaith. Nis cofiaf i Mam erioed droi neb o'r drws oedd yn cardota, heb roddi tamaid o rywbeth fyddai wrth law iddynt i fwyta. Prin yr aeth yr un sipsi oddi wrth y drws na phrynai Mam rywbeth o'r fasged. Ond fel yr arferai hithau ddweud, ni fu erioed heb fwyd ar ein cyfer, gan fod Un yn gofalu, er yn anweledig, am y weddw a'i phlant.

Ond fe ddaeth tro ar fyd. Daeth fy mrodyr a'm chwiorydd hynaf yn ddigon hen i adael yr ysgol a mynd allan i weithio, a thrwy hynny ysgafnhau ychydig ar ofalon Mam.

Er mai yn anfynych yr oedd yn cael dillad newydd ei hunan, edrychai'n ddestlus a glân. Felly hefyd ni'r plant. Cofiaf fel yr arferai wneud trysorau i'r hogiau allan o gôt fawr a gawsai gan berthynas. A dyna lle y byddai ar ei thraed yn hwyr wedi i bawb arall fynd i'w gwelyau, yn gwnïo a smwddio er mwyn iddynt fod yn barod i'w gwisgo i fynd i'r oedfa fore'r Sul.

Eto, er mor hir y cysgodion lawer tro, byddai fy mam yn hapus wrth iddi ganu gyda gorchwylion y tŷ. Roedd ei hysbryd yn ifanc am ein bod ni, y plant, yn ifanc a llawn direidi a bywyd. Mor hapus y byddem ar nosweithiau o aeaf o gylch y tân gartref; y rhai hynaf yn darllen, a'm brawd agosaf ataf a minnau gyda llond tun o farblis yn 'chwarae fesul dwrn' fel y galwem ni y gêm. Rhoi rhyw gyfran o'r marblis yn ein llaw a chau arnynt yn dynn, ac yna ceisio dyfalu'r nifer heb edrych arnynt. Os byddai'r ateb yn gywir, yna byddai perchennog y llaw yn gorfod *trosglwyddo'r cyfan. Ond os byddai'r cyfri'n llai neu'n fwy na'r hyn a ddyfalwyd, yna byddai'n rhaid i'r atebydd wneud cyfri ohono.*

Byddai rhyw hyfrydwch o fod gyda'n gilydd ar hwyrnos o aeaf, yr aelwyd yn gynnes a'r gwynt yn lluwchio eira i'r ffenestr, a chri y gwynt i'w glywed fel y troai heibio congl y tŷ. Byddai Mam yn eistedd yn ei chadair siglo yn gwau a mwmian canu. Nis cofiaf iddi unwaith eistedd o flaen y tân heb fod yn gwau yr un pryd. Gwau sanau i'r hogiau y byddai, a byddai un hosan bob amser fymryn yn hirach na'r llall. Yna fe'i gwelech yn tynnu yn yr hosan fer i drio eu cael yr un mesur. Yna chwerthin yn braf wrth i un o'r hogiau ddweud rhywbeth ynglŷn â hwy. Un felly oedd Mam.

Cofiaf hefyd fel y byddai fy mrodyr yn ei gwatwar pan fyddai'n siarad â'r dyn llefrith. Sais oedd o, a byddai Mam yn aml yn rhoi gair Cymraeg i mewn yn y sgwrs nes byddem yn chwerthin wrth ei chlywed, a'm brawd yn dweud 'Yes, yes'. Roedd yr iaith fain yn eithaf rhwydd gan fy mam er na chawsai fawr o ysgol pan oedd yn blentyn.

Byddai fy mrawd a minnau'n cael mynd gyda Mam i hel llus. Edrychem ymlaen at y diwrnod hwnnw. Byddai'n rhaid arnom fynd â basged o fwyd a diod gyda ni, a phiser llaeth anferth rhyngom. Hefyd roedd tun neu bowlen fechan bob un gennym ein tri, i hel i'r un mawr.

Wedi mynd drwy lidiart y mynydd, rhaid fyddai dilyn llwybr y ddafad. Sôn am siarad a chwerthin a hwyl diniwed plant! Wedi cyrraedd copa'r mynydd, gwasgarem i wahanol gyfeiriadau ond yn ddigon agos i fod o fewn galw pe bai ein hangen ar Mam neu pan oedd hi'n amser bwyta. Gwyddem o'r gorau ble i gael y llus brasaf gan ein bod mor gynefin â hel llus ar y mynydd yma.

Toc fe alwai Mam arnom i gael bwyd. Eistedd i lawr yng nghanol y grug, ac O, mor flasus fyddai'r frechdan jam yn y fan

honno. Wedi'n digoni, gorffen hel i'r piser nes byddai'n llawn.
A chyn cychwyn am adref byddem ni'r plant yn cael chwarae a
rowlio yn y grug a'n chwerthin iach yn cael ei gario gan awel o
wynt ysgafn ar hyd copa'r hen fynydd annwyl. Byddai ambell
frefiad dafad i'w glywed yn uno â ni, ac weithiau fe godai aderyn
i fyny o'r grug. Roedd golygfa ardderchog oddi yno – gwelech
fae Caernarfon a Môn a phentrefi bychain ar wasgar yma ac
acw. Wedi gorffen chwarae a dechrau blino, dyna gychwyn tuag
adref, ac mor falch fyddem i gyd erbyn hynny o gael troi'n ôl.
Byddai cwsg y noson honno i bob un ohonom yn felys.

Heb awydd darllen ymhellach, gosododd Dan ddalennau'r
hunangofiant ar wyneb y ddesg. Roedd gan Anti Eirlys, mae'n
amlwg, hiraeth am gyfnod ei hieuenctid ym Mryn Ffynnon. Ond
druan ohoni, meddyliodd, yn ymgolli yn y fath ddelfrydu. Go
brin bod ei disgrifiad yn rhoi darlun cyflawn o fywyd llwm y
teulu yn y blynyddoedd rhwng dau Ryfel Byd. Cofiodd i'w dad
ddweud un tro iddo fynd i lyfrgell y dref i nôl llyfrau i'w fam.

'Pa lyfra dach chi am imi ofyn amdanyn nhw, Mam?'

'O, rhwbath gan y Thomas Hardy 'na.'

Felly, Thomas Hardy oedd un o'i hoff awduron, mae'n rhaid.
Wel, go brin y gellid cyhuddo hwnnw o fod yn awdur llawn
gobaith. Dipyn o besimist, os rhywbeth, er ei ddawn
ddiamheuol fel nofelydd a bardd. Tybed a oedd ei nain wedi
gweld darlun ohoni hi ei hun yn amgylchiadau trasig rhai o'i
gymeriadau? Eto, yn ôl tystiolaeth Anti Eirlys, roedd llawer o
chwerthin ar yr aelwyd, a mwynhad o brofiadau bach syml
bywyd. Tybed beth oedd cyfrinach eu hapusrwydd?

Cofiodd Dan fod yng nghwmni ei dad un tro pan oedden
nhw'n cerdded drwy bentref Capel Curig. Gwelodd dŷ gwair
ger ymyl y ffordd. Pedwar polyn pren o dan do sinc yn gorwedd
ar waliau brics. Prin y byddech chi'n sylwi arno wrth ichi agosáu
at adeilad arall dipyn crandiach na fo oedd gerllaw, sef Plas y

Brenin â'i olygfa fyd-enwog o'r Wyddfa a'i chriw yn y pellter y tu hwnt i Lynnau Mymbyr. Tŷ gwair heb fymryn o wair ar ei gyfyl. Priodas fregus o bren a brics. Tipyn o embaras i drigolion mwyaf meddylgar y pentref.

'Mi ddaru ni dreulio noson fan'na.'

'Pwy?'

'Fi a Llywelyn, fy mrawd hyna'.'

'Tŷ gwair gwag!'

'Bryd hynny roedd o'n llawn o wair.'

'Pam?'

'Pam be?'

'Pam dewis cysgu fan yna o bob man?'

'Roeddan ni wedi bod yn cerddad o fora gwyn tan nos. Cerddad nes bod ein traed ni'n brifo. A sylweddoli'n sydyn 'i bod hi'n nosi.'

'A mynd i fanna?'

'Llywelyn ddaru arwain y ffordd. Mi gysgon ni tan y bora.'

'Ac wedyn?'

'Wedyn cerddad adra'n hapus braf. Roedd Mam wedi bod yn effro drwy'r nos.'

'Gawsoch chi gerydd?'

'Doedd hi fawr o un am ddeud y drefn.'

* * *

Drannoeth, wrth wisgo amdano, gwrandawodd Dan ar newyddion Radio Cymru ar ei radio fach Sony. Soniai Dylan Jones a Kate Crockett am un o ganlyniadau'r helynt Brexit – roedd Prif Weinidog Cymru yn galw am Undeb newydd i ddod â phedair gwlad y Deyrnas Unedig ynghyd. Dywedodd fod yr hyn sy'n uno pedair gwlad y DU yn cael ei rwygo gan Brexit, gan ychwanegu fod annibyniaeth i Gymru yn codi yn uwch ar yr agenda wleidyddol.

Yn dilyn hynny, cafwyd adroddiad am Uwchgynhadledd y Cenhedloedd Unedig yn Efrog Newydd – roedd merch 16 oed o Sweden wedi dweud wrth arweinwyr byd na fyddai ei chenhedlaeth hi'n maddau iddyn nhw petaen nhw'n methu mynd i'r afael â'r argyfwng newid hinsawdd. Wrth wrando ar ei geiriau, cofiodd Dan am wraig a siaradodd mewn cyfarfod cyhoeddus yn y brifddinas rai blynyddoedd yn ôl. Roedd hithau wedi siarad yn angerddol, nid am helyntion gwleidyddol na hinsoddol ond am yr unigrwydd mawr a ddaeth i'w rhan un tro.

Ro'n i wedi cyrredd lle tywyll iawn – wedi colli, chi'n gweld, 'y ngŵr, a f'unig fab wedi symud i fyw i Dubai. Ro'n i'n unig a do'n i ddim yn gweld llygedyn o obeth yn unman. Wel, fe ddechreues i gau llenni'r tŷ. Ro'dd Gel 'y nghi yn 'y ngwylio i. 'Dwi ddim am ddal ati, Gel,' medde fi wrtho fe, 'wa'th beth wyt ti'n ddweud. Dwi 'di danto'n llwyr.'

Felly, dyma fi'n gorffen cau'r llenni, chi'n gweld, ac ro'dd Gel yn gwneud y sŵn crio rhyfedda. 'Does dim pwynt, Gel,' medde fi. A dyma fi'n cau'r dryse ac yn mynd at y stof i droi'r nwy ymla'n. Ac wrth imi wneud hynny, dyma fi'n notiso bod Gel wrth fy sodle i. Reit yno, wrth yn sodle i. A dyma fi'n gweld 'i lyged e wrth imi ffarwelio. A be weles i yno? Alla i ddim dweud wrthoch chi be o'dd e. Ddim ofn oedd e. Nage, ac nid gofid drosto'i hun. Ro'dd e'n erfyn arna i i beidio. A wnes i ddim.

Cododd Dan ar ei draed a cherdded at ffenest y gegin. Dacw nhw, yr ochr arall i'r dyffryn, y mynyddoedd a rhan o'r chwarel lle treuliodd ei dad saith mlynedd o'i ieuenctid. Roedd yr haen o eira yn dangos y llechweddau ar eu gorau heddiw. Mewn gwirionedd, i'r trueiniaid oedd yn gorfod ymlafnio yn y chwarel drwy fisoedd y gaeaf, ym mlynyddoedd caled y 1920au a'r 1930au yn enwedig, mae'n rhaid ei fod yn lle cythreulig o oer.

Diffoddodd Dan y newyddion ac ailafael yn ei waith clirio

yng nghysgod gorffennol ei dad. Roedd ieuenctid Arfon Rhys, erbyn hyn, fel gwlad bell i Dan, bron fel petai ei dad yn gymeriad hanner mytholegol, fel Myrddin yn *Llyfr Du Caerfyrddin*. Er mai yma ym Mryn Ffynnon roedd gwreiddiau ei dad, nid yma oedd ei wreiddiau ef. Wedi'r cyfan, ym Mryn Glannau y treuliodd ef ei blentyndod: tref y siopau sglodion a'r candi-fflos; tref y ffair a'r clybiau bingo; tref gwyliau rhad i werin canolbarth Lloegr yn yr haf; tref Gymreig a diwylliedig yn y gaeaf.

Cofiodd yn sydyn am un o'r ffotograffau a welodd ddoe yn hen ddesg ei dad. Dringodd y grisiau cul ac agor caead y ddesg. A dyma fo. Tynnwyd y llun hwn, mae'n amlwg, ym Mryn Glannau, y tu ôl i gaffi West Palace, y drws nesaf i siop hufen iâ Eldorado. Dim ond ffotograff bach dibwys. Un du a gwyn, tair modfedd o uchder a dwy fodfedd o led. Fe'i tynnwyd yn 1953 yn ystod trip Ysgol Sul y capel oedd dan ofal ei dad ym Maen y Môr, rai blynyddoedd cyn i'r teulu symud i fyw i Fryn Glannau. Dyma fo Dan, yn grwt tair oed ym mreichiau ei dad. Yn unol â ffasiwn y cyfnod, mae ei dad yn gwisgo het lwyd a chantel iddi. Hyd yn oed ar drip Ysgol Sul, mae Arfon Rhys yn gwisgo siwt a thei a thop-côt. Dyna oedd arfer y mwyafrif o weinidogion bryd hynny, mae'n rhaid, cyn i wisgoedd llai ffurfiol ddod i'w bri. Ym mlaen y llun mae chwaer fawr Dan, Iola, sy'n mwytho trwyn y mul oedrannus sy'n tynnu tua therfyn ei ddiwrnod gwaith. Brawd Dan, Ifor, â golwg braidd yn ansicr ar ei wyneb, sy'n eistedd ar gefn y mul. Golwg betrus, erbyn sylwi, sydd ar wyneb Iola hithau. Ar wyneb y crwt bach, Dan, mae golwg o arswyd llwyr fel petai newydd weld bwgan. Eiliad ynghynt mae tad y tri wedi rhoi gorchymyn chwip tair llinell iddyn nhw i gyd i edrych i lygad y camera. Dim ond y mul sy'n ddigon dewr i anwybyddu'r siars.

Dros ysgwydd Arfon Rhys gwelir wyneb gwelw gwraig â siôl dywyll yn dynn am ei phen. Gan nad yw ei hwyneb cyfan i'w weld, a chan fod ei chorff o'r golwg y tu ôl i'r dyn a'r plant, mae rhywbeth braidd yn sinistr yn ei phresenoldeb. Pwy yw hi, y ddienw hon sy'n sbecian yn ddiwahoddiad yng nghefndir y llun teuluol? Gallai fod yn un o'r Tynghedau, meddylia Dan, wedi hedfan i mewn o'r hen fyd. Haws credu, wrth gwrs, mai dim ond cryduras yn ceisio gwerthu hufen iâ yw hi, yn gofidio am ei phrinder cwsmeriaid. Pwy bynnag yw hi, yma y bydd hi bellach, ei hwyneb gwelw yn syllu, a'i llygaid wedi'u fferru yn y llun bach rhad y printiwyd ar ei gefn y geiriau pwysig, 'CROWN COPYRIGHT RESERVED'.

Cyn eu dyddiau nhw, meddylia Dan, roedd cenedlaethau o blant wedi dod i Fryn Glannau ar dripiau ysgol Sul. Cofia fod Anti Eirlys wedi sôn am un o'r tripiau hynny yn ei hysgrif ganmoliaethus. Ar ôl pum munud o chwilio, fel petai ei fywyd yn y fantol, llwydda i roi ei law ar y tudalennau brau.

O, fel yr edrychem ni'r plant ymlaen at yr amgylchiad. Cof da gennyf fel y byddem yn hel ein ceiniogau wrth redeg ar neges i hwn a'r llall: cario basged i rywun i fyny'r allt serth a chael ceiniog am ein trafferth. Yna cadw'r ceiniogau'n ofalus erbyn diwrnod mawr y trip. Am mai fi oedd yr ieuengaf, arferwn ddweud wrth bawb a ddeuai i'n tŷ ni fy mod i ac un o'm brodyr am gael mynd gyda'r trip, gan obeithio'n ddistaw bach gael rhywbeth ganddynt. A chwarae teg i'n cymdogion, roeddynt i gyd yn awyddus i roi ychydig o geiniogau ar gyfer yr amgylchiad.

Fy mam fel arfer fyddai'n dod gyda ni, er y cofiaf i'm chwaer ddod gyda ni un tro, ond gwell oedd gennym i Mam ddod na neb arall. Gyda'r trên yr arferem fynd yr adeg honno, a da y cofiaf fel y byddem ar bigau'r drain eisiau cychwyn, ymhell cyn yr amser; ofn bod ar ôl ac i'r trên fynd hebom.

Credaf na fyddai'r un plentyn ar ôl yn y pentref y diwrnod hwnnw. Fel rheol byddai'r trên yno i'w hamser, a byddai digon o le ar ein cyfer i gyd, gyda chynghorion di-rif yn seinio yn ein clustiau o hyd. 'Cofia beidio â rhoi dy ben drwy'r ffenest mewn twnnel neu does wybod beth all ddigwydd. Cofia beidio â chwarae gyda'r drws rhag iddo agor.' Cofia hyn ac arall fyddai hi beunydd barhaus. Ond wedi i'r trên adael Caernarfon byddem yn dechrau llonyddu a bodloni ar edrych ar y golygfeydd a wibiai heibio.

Ar ôl cyrraedd Bryn Glannau a chael pryd o fwyd mewn rhyw fwyty rhad, allan â ni i weld y siopau gan afael yn dynn yn ein ceiniogau. Yna i Ffair Llyn, y lle ardderchog hwnnw, i wario. Cofiaf fel yr arferem fynd ar y ceffylau bach, gan dalu i ryw ddyn a waeddai'n groch wrth ein hymyl. Wedi talu rhyw ddwy neu dair ceiniog iddo, caem ein codi ar gefn y ceffylau pren, a rhyw ganu fel tôn gron yn dod o ganol y peiriant troi fel yr aem un ar ôl y llall mewn cylch, i fyny ac i lawr, gan afael yn dynn rhag inni syrthio.

Wedi gorffen yn y fan honno, aem i lawr i gyfeiriad y môr, i eistedd ar y tywod ac edrych ar wahanol deuluoedd yn mynd heibio. Wedi blino eistedd, byddem yn mynd am bryd arall o fwyd, ac erbyn hyn yn dechrau blino ac yn gofyn faint o amser eto cyn cychwyn am adref er mwyn i ni gael gorffwys gyda rhyw degan a brynwyd yn y ffair.

* * *

Ar brydiau, tybia Dan, gallech feddwl fod ei dad, fel ei chwaer Eirlys, yn delfrydu ei wreiddiau gwledig. Dyma'r tirlun y teithiai ar hyd-ddo yn y trên bach ar y cledrau cul hyd ymyl y llyn i'w waith yn y chwarel. Ac mae'n wir mai'r fro hon a roddodd iddo lawer o'i gyfoeth o ran geirfa a golygwedd. Yma ym Mryn Ffynnon y clywodd y chwerthin cynnar; y plant – yn arbennig y bechgyn – yn tynnu ar eu mam weddw, a hithau'n methu dal rhag chwerthin. Hi oedd cannwyll yr aelwyd, yn rhoi goleuni yng nghanol eu bywydau ar yr adegau anoddaf. Hi a weithiai'n hwyr yn y nos i drwsio dillad ar gyfer trannoeth ei thylwyth.

Er hyn i gyd, roedd Arfon Rhys yn rhy onest i ddelfrydu'r blynyddoedd cynnar. Er cofio'r chwerthin, cofiai hefyd y cyni a'r ymdrech i fyw. Cofiai'r afiechyd a'i trawodd yn ddyn ifanc, aflwydd a fu ond y dim â rhoi terfyn cynnar ar ei holl obeithion. Yr oedd yn ormod o realydd i smalio mai rhyw nefoedd o le oedd Arfon wledig ei ieuenctid. Roedd yno olygfeydd ysblennydd, oedd. Ond nid ar olygfa yn unig y bydd byw dyn. Mae'n rhaid inni gael gwaith yn ogystal â golygfeydd. Dim rhyfedd, felly, na lwyddodd Arfon Rhys i uniaethu â golygwedd geidwadol rhai o arweinwyr Cymru ei gyfnod. Doedd y chwarelwr ynddo ddim yn fodlon i'w ryddhau oddi wrth gymdeithas y gweithwyr a'u dyheadau am well chwarae teg.

* * *

Wrth fynd am dro i lawr yr allt o flaen Bryn Ffynnon, mae Dan yn sylwi ar ddarn o gae mwdlyd yn nhalcen y tŷ. Yn swatio yno mae cwt to sinc, a hwnnw wedi'i orchuddio â phridd a gwyrddni. Dyma, mae'n debyg, weddillion cwt Anderson, y math y cafodd teuluoedd eu cyfarwyddo gan y Llywodraeth i'w codi yn ystod yr Ail Ryfel Byd. Tybed, meddylia Dan, oes cytiau tebyg yng ngweddillion Aleppo a Yemen?

Stori pobl eraill yw rhyfeloedd. Yn fachgen naw oed ym Mryn Glannau, pan ymgollai Dan mewn cyfnodolion megis *Combat*, diddanwch pur oedd dilyn anturiaethau'r awyrlu a'u llwyddiant yn ennill brwydr ar ôl brwydr. Diddanwch, yn sicr, ond stori pobl eraill, fel petai'r cwbl wedi digwydd ganrifoedd yn ôl. Mewn gwirionedd, wrth gwrs, doedd y bwlch amser rhwng ei fachgendod o a diwedd yr Ail Ryfel Byd ddim yn enfawr. Pan ddaeth i'r byd, dim ond pum mlynedd oedd wedi mynd heibio ers diwedd y tywallt gwaed.

Mae pethau cyfarwydd, meddylia Dan, yn cyflyru ein meddyliau. Er enghraifft, mae pobl sy'n byw yng nghysgod mynydd yn derbyn bod y cysgod yn rhan o realiti eu bodolaeth. Er iddyn nhw, efallai, godi eu pennau weithiau a synfyfyrio am rai eiliadau ynglŷn â pha mor hyfryd fyddai gweld yr haul yn amlach, at ei gilydd y cysgod yw'r norm. Hwnnw, bro'r cysgodion, yw eu hamgylchedd naturiol a dydyn nhw ddim yn disgwyl gwell. Yr un modd gyda chysgodion rhyfel. Nid yw'r rhai sy'n byw o ddydd i ddydd yng nghanol y cysgodion hynny yn gallu eu gweld mewn persbectif clir.

Yn ôl yn y tŷ, agorodd Dan ddrôr bach arall yn y ddesg. Yno'n disgwyl amdano roedd pentwr o hen oriadau, ac yn eu plith allwedd y car cyntaf a brynodd ei dad wedi iddo fo a'i deulu symud i Fryn Glannau. Fe'i prynodd oddi wrth Mr Cyril Griffiths – dyn gweddol amlwg yn ei faes, sef Mudiad Addysg y Gweithwyr. Ac mae'n siŵr bod yr Austin wedi bod yn was ffyddlon a ddarparodd gludiant cyfforddus iddo i sawl cornel o Gymru ac ymhellach yn ystod blynyddoedd prysuraf ei oes. Mae Dan yn cofio gweld y car yn loetran ger rhosod gardd ffrynt eu cartref ym Mryn Glannau yn Ffordd y Dyffryn, y stryd orau yn y dref, yn ôl ei dad.

Safai'r modur ar ei ddarn preifat o darmac, yn gartrefol braf, yn ymlacio'n urddasol ar ôl dianc o ffilm ddu a gwyn o gyfnod yr Ail Ryfel Byd. Pa bwysigion o Loegr neu'r Almaen a fu'n gwibio yn ei ysblander adeiniog, dyn a ŵyr. I Dan, un arwydd o'i orffennol pwysig oedd y bleind a wasanaethai'r ffenest gefn. Drwy droi handlen fach bwrpasol ym mlaen y car, gyda chymorth llinyn tenau cryf a phwli, gallech gau ac agor y bleind hwnnw. Dyfalai fod y bleind yn gymorth i'r gyrrwr amddiffyn ei lygaid rhag yr haul, neu – a dyma'r esboniad a ffafriai Dan – yn gymorth i guddio pwysigion y sedd gefn rhag fflachiadau ffotograffwyr neu fwledi milwyr ger siecbwyntiau.

Fel ceir eraill y cyfnod, cyn dyfodiad y ffenestri trydan, gallech agor a chau ffenestri ochr yr Austin drwy droi handlenni. Gallech hefyd gilagor a chau'r ffenest flaen drwy droi handlen fach bwrpasol. Ni welodd Dan y ddyfais honno mewn unrhyw fodur arall ond gallai ddychmygu ei bod yn ddyfais hynod o ddefnyddiol pan fyddai'r gyrrwr am gael gwared â mwg sigâr neu fwg dryll rhyw Al Capone o gyd-deithiwr.

Un o nodweddion gorau'r car oedd y silffoedd a redai ar ei ddwy ochr o dan y drysau. Datblygiad oedd y *running boards* hyn o ddyddiau'r goets fawr. Cyn dyddiau iechyd a diogelwch, gallech gadw caniau petrol a phethau eraill ar y silffoedd hyn. Gallech hefyd eistedd neu sefyll arnyn nhw os nad oedd lle i chi y tu mewn i'r car. Eu gwir bwrpas, mae'n debyg, oedd cynorthwyo'r teithwyr i gamu i mewn ac allan o'r cerbyd. Gallent hefyd, tybia Dan, fod yn ddefnyddiol iawn i ffrindiau Al Capone wrth iddyn nhw gyfnewid bwledi â phlismyn Efrog Newydd. Rhoddai'r silffoedd hyn urddas arbennig i'r Austin du.

Cofia Dan y pleser a gâi o eistedd yn yr hen fodur ar ddiwrnod glawog. Bwledi'r glaw yn cystwyo'i fetel. Y dŵr yn drwm ar ei holl ffenestri. Rhythm y glaw yn curo, curo. Ac yntau'n gorwedd yn glyd ar ledr ei sedd gefn, ei lyfr yn ei law. Weithiau fe gerddai rhywun heibio i'w guddfan at ddrws ffrynt y tŷ, heb amau dim bod mab y gweinidog yn swatio'n ddiddig yn ei fyd bach diogel. Tybed a brofodd yn ddiarwybod rywfaint o ddylanwad y cyn-berchennog, Cyril Griffiths, wrth iddo swmera'n foethus yn ei hen Awstin llawn hanes a dychmygion?

* * *

Yn ei arddegau cynnar, un o hoff awduron Dan oedd Arthur Conan Doyle. Gyda holl ymroddiad yr arddegolyn, darllenai am anturiaethau Sherlock Holmes a'i gyfaill Dr Watson gan ymgolli yn eu byd. Fel Watson, rhyfeddai Dan at allu'r ditectif arloesol i ganfod amrywiol ffeithiau arwyddocaol yn y manylion lleiaf. Benthycai Dan storïau Conan Doyle o lyfrgell y dref. Crwydrai rhwng y silffoedd gan sylwi ar bob math o deitlau atyniadol a dychwelyd adref wedyn yn gyfoethog ei fyd gan edrych ymlaen at dreulio mwy o oriau pleserus yng nghwmni ei arwr galluog.

Yn awyddus i ddilyn esiampl Holmes, dechreuodd Dan graffu ar fanylion y byd o'i gwmpas. Petai rhywun yn dod i siarad â'i dad ac yn curo bedair gwaith ar ddrws ffrynt du a gwyn y tŷ, byddai Dan yn nodi yn ei lyfr nodiadau pwrpasol fod yna rywun wedi cyrraedd oedd â neges bwysig i'w rhannu gan fod Holmes wedi esbonio bod curo ar ddrws bedair gwaith neu fwy yn arwydd o frys ac efallai argyfwng.

Yn y cyfnod hwn o ddilyn anturiaethau Holmes a Watson, teimlai Dan awydd cryf i ddilyn gyrfa wyddonol. Ac i fod yn wyddonydd roedd yn rhaid iddo gael ambell offeryn gwyddonol. Fel Holmes, roedd ganddo eisoes chwyddwydr oedd yn anhepgorol i ganfod ôl bysedd troseddwyr. Fodd bynnag, yr offeryn y dymunai ei gael yn fwy nag un offeryn arall oedd microsgop. Gwelai lun microsgop o bryd i'w gilydd yn y *Manchester Guardian* a ddeuai'n rheolaidd i'r tŷ, a sylwodd hefyd ar un arbennig o addawol yn ffenest siop bric-a-brac oedd ar ochr y ffordd rhwng y faestref a chanol y dref. Pres melyn oedd ei wneuthuriad. O dan yr offer craffu roedd sleid wydr lle gallech osod gwrthrych i'w astudio. Bob tro y cerddai i'r dref, arhosai Dan o flaen ffenest y siop a syllu'n hir ar y microsgop. Tybed a oedd modd yn y byd iddo'i gael? Na, roedd yn llawer rhy ddrud, ugain punt yn ôl y label gwyn. Nid oedd ei rieni'n debygol o allu fforddio peth mor ddrudfawr, ac ni fyddai'r arian a enillai ar ei rownd bapur yn chwarter digon. Ond tybed a fyddai ei rieni yn fodlon gwneud eithriad y tro hwn? Wedi'r cwbl, roedd gofyn am ficrosgop yn gallu bod yn ddechrau gyrfa o bwys – gyrfa lwyddiannus, efallai, fel meddyg neu wyddonydd.

Wrth i'r bachgen deuddeg oed syllu a syllu ar y microsgop henaidd yn ffenest y siop bric-a-brac, doedd dim terfyn ar ei ddyheadau. Penderfynodd ofyn i'w dad.

Pan gyrhaeddodd y tŷ roedd ei dad eisoes wedi yfed ei goffi boreol ac wedi gorffen pori yn nhudalennau'r papur newydd. Erbyn hyn roedd yn eistedd wrth ei ddesg yn sgrifennu nodiadau ei bregeth ar gyfer y Sul.

'Dad.'

'Ia.'

'Ga' i.. .'

Safai yno rhwng drws y stydi fach a'r ddesg.

'Be sy, Daniel?'

'Ga' i, ga' i.. .'

'Ia? Gei di be?'

'Dwi 'di gweld microsgop.'

'Bobol. Ble gwelist ti beth felly?'

'Yn ffenast y siop bric-a-brac ar Lôn y Dyffryn.'

'Sut un ydi o?'

'Un reit fawr. Un da hefyd.'

'Da?'

'I weld petha bach yn fawr.'

'Ia, mi wn i mai dyna be ma' microsgop yn 'i neud.'

'Ga' i 'i brynu o?'

'Wti isio microsgop?'

'Ydw. Hwnna welis i bora 'ma.'

'Faint mae o'n gostio?'

'Ugain punt.'

'Gawn ni weld.'

'Be dach chi'n feddwl?'

'Gawn ni weld gyda hyn.'

'Ond pryd?'

'Pan fydda i'n mynd i'r dre nesa.'

'Ond mi fydd hynny'n rhy hwyr, ella. Bosib y bydd rhywun arall wedi'i brynu o. Mae o'n un andros o dda.'

'Mae'n well peidio mynd o flaen gofidia, Daniel. Gawn ni weld be ddaw.'

Trodd yn ôl at ei bregeth. A throdd Dan yn ôl at un arall o straeon ei hoff dditectif.

'Gawn ni weld' oedd un o hoff ymadroddion Arfon Rhys. Roedd yn ymadrodd oedd yn adlewyrchu ei ffordd o fyw a'i olygwedd sylfaenol. Pan oedd yn fyfyriwr, cafodd salwch difrifol. Bu adre'n sâl am flwyddyn. Bryd hynny roedd wedi dechrau mynd allan gyda'i gariad a'i ddarpar-wraig, ac am rai misoedd roedd y cyfan yn y fantol. Er mawr ryddhad i'w fam ac i'w frodyr a chwiorydd, cafodd adferiad a dychwelodd i'r coleg i orffen ei astudiaethau. Roedd y trên ar y cledrau unwaith eto. Ond yn sgil y salwch gadawyd mwy na chraith ar ei ysgyfaint. Gadawyd cysgod ar ei feddwl – yr ymwybyddiaeth gyson a diysgog y gallai'r trên ddod oddi ar y cledrau eto, a hynny'n frawychus o sydyn a dirybudd. Dim rhyfedd, felly, mai un o'i hoff ymadroddion oedd 'Gawn ni weld'. Yn anffodus i Dan, roedden nhw'n eiriau oedd yn gallu rhagflaenu gohirio a gwrthod gwneud penderfyniad. Pan ddeuai cais fel cais rhesymol Dan i gael microsgop, doedd dim rhaid i Arfon Rhys ddweud ie neu na. Gallai bob amser ddweud 'Gawn ni weld'. A dyna a wnaeth yn achos y microsgop. Ni chafodd Dan ateb cadarnhaol na negyddol i'w gais. Gosodwyd y cais yn daclus ar y silff uchaf yn ymennydd Arfon Rhys. Ac yno, yn y man, fe aeth yn angof iddo. Ni chafodd Dan y microsgop. Ond weithiau, yn ystod llif y blynyddoedd, dychwelai'r microsgop i'w freuddwydion, yn sgleinio yn ei holl ogoniant yn ffenest y siop bric-a-brac.

* * *

Erbyn hyn, mae Dan yn dyheu am gael mynd adre. 'Teg edrych tuag adre', ac mor braf fydd anelu'r Quattro am adre a derbyn croeso Mali â'i gwên barod a'i chorff cynnes. Ar ei ffordd adre bydd yn galw i weld Garmon ac Esyllt yn Llanmaerdy. Tybed beth fydd yn ei ddweud wrth Garmon am ei daith yn ôl i gynefin ei dad? Fydd y cyfan wedi bod yn fuddiol? Neu ai stori ynfytyn yw stori pob un ohonom, yn llawn synau o bob math ond heb ddim ystyr o bwys rhwng y llinellau? Er inni deimlo ein bod gartre am sbel, ai alltudion mewnol ydym i gyd, yn byw mewn byd sydd mor ddamweiniol a diystyr â'r awyren ddaeth i lawr yn Colombia?

Mewn byd mor ansicr, tybed beth oedd cyfrinach llawenydd ei dad? Er mor syml ac anuchelgeisiol oedd ei fyd, gallech feddwl weithiau ei fod yn filiwnydd uwchben ei ddigon.

Cyn cychwyn ar ei daith, rhaid i Dan orffen gwagio'r stydi. Dyma lun o'i dad yng nghwmni rhai o'i flaenoriaid. Mae'r argraffiadau cyntaf yn rhai chwithig, fel edrych ar lun swyddogion capel o'r bedwaredd ganrif ar bymtheg sydd wedi'u trawsgludo'n sydyn i'r ugeinfed ganrif. Saith ohonyn nhw sydd yn y llun: Arfon Rhys a chwech arall. Saif Mr Rhys yn y canol, wrth gwrs, ym mlaen y llun lle y dylai fod yn ei swyddogaeth fel gweinidog ac arweinydd.

Wrth ei ymyl mae Ann Jones. Hi yw'r unig fenyw yn y llun a'r unig un sy'n gwisgo gwisg olau. Yng nghyfuniad ei gwefusau a'i llygaid mae gwên fach chwithig fel petai'n ferch ysgol wedi'i dal yn y lle anghywir. Dirprwy brifathrawes oedd hi cyn ymddeol, a byddai hi'n fwy cartrefol, awgryma'r wên, yn eistedd yn ei hoff gadair esmwyth yn ei chartref yn darllen nofel wrth y tân. Er hynny, bu'n aelod ffyddlon o'r tîm.

Y tu ôl i Arfon Rhys mae un o'r dynion yn gwenu'n hyderus. Trefor Williams ydi hwn, athro a bardd, ei wallt gwyn-fel-y-galchen yn awr mor doreithiog â gwallt cerddor. Mae'r ddau ddyn arall yn y cefn yn edrych i rywle heblaw llygad y camera. Dau gefnogol iawn i'r gweinidog ydyn nhwythau, eto mae'r olwg ar eu hwynebau'n awgrymu bod eu meddyliau yn rhywle pell iawn o'r eiliad ddirfodol.

Dau werinwr diysgog ydi'r ddau arall yn y rhes flaen, Mr Evans a Mr Charles, y ddau ynghyd â'u teuluoedd wedi ymfudo o'r wlad i'r dref. Hawdd gweld eu bod nhw hefyd mor ddibynadwy â chasgliad y mis.

Mae tei Arfon Rhys yn ymwthio allan fymryn o'r llythyren V uwch botymau ei wasgod, fel petai wedi anghofio edrych yn y drych cyn eiliad y llun. Hefyd, mae ei wallt gwyn o boptu'i foelni wedi'i ryfflo gan chwa sydyn o awel y dyffryn. Braidd yn hir ydi'r gwallt, prawf ei fod yntau'n un o blant y 1960au, ac er bod y gwallt hwnnw'n wyn, mae ei aeliau'n syndod o ddu. Du a dadansoddol yw ei lygaid hefyd, a'i wên hyderus yn datgan i'r byd a'r betws, a dyn y camera, ei fod yn barod am yr hyn oedd o'i flaen.

* * *

Cofia Dan fod Arfon Rhys yn rhoi pwys mawr ar ymweld â chleifion ei ofalaeth. Nid dyletswydd anffodus yr oedd yn rhaid iddo'i chyflawni oedd yr ymweld hwnnw. Nid defod ddisgwyliedig chwaith. Ac yn sicr nid rhywbeth i'w gyflawni'n 'broffesiynol' – un o'i gas eiriau. Dichon fod yr 'ymweld bugeiliol' wedi bod yn rhan o'r cwrs *pastoralia* yn y coleg, mae'n wir, ond i Arfon Rhys roedd siarad â'r cleifion yn weithgaredd greddfol, nid yn ymarfer defodol fel petai'n fyfyriwr yn ceisio plesio un o'i ddarlithwyr.

Gan ei fod yn hoff o bobl ac yn mwynhau bod yn eu cwmni, nid oedd yr 'ymweld' yn faich, fel y gall fod i ambell un sydd o natur swil neu or-sensitif. Ar ddechrau un o'r ymweliadau hyn, roedd Mrs Jones y Foel yn sobor o drist a phenisel.

'Sut ydach chi heddiw, Mrs Jones?'

'Symol.'

'Tewch. Ydi hi'n ddu arnoch chi, Mrs Jones fach?'

'Yn ddu ofnadwy.'

'Ai'r cryd cymalau sy'n eich poeni chi o hyd?'

'Ia. A'r galon. A'r poen cefn.'

O ddechrau anaddawol o'r fath, byddai'r sgwrs yn codi fesul

gris i dir uwch. Ac erbyn diwedd yr ymweliad roedd Mrs Jones – wedi iddi fwrw heibio'i gofidiau – yn chwerthin yn braf.

Pe baech yn holi Arfon Rhys am ei waith fel gweinidog, cofiai Dan, ei ateb nodweddiadol – oni bai iddo gael wythnos drom o angladdau – oedd ei fod yn gwneud y gwaith y byddai'n mwynhau ei wneud hyd yn oed pe na bai'n ennill ceiniog amdano. Yn hyn o beth, tybia'i fab, dichon ei fod wedi rhagflaenu patrwm y gweinidogaethau lleyg a ddaeth i fod mewn cyfnod diweddarach.

Doedd ei dad ddim yn un a ddangosai ei deimladau'n rhwydd. Er hynny, ar adegau prin, deuai teimladau dwfn i'r wyneb. Un o'r adegau hynny oedd dydd angladd un o'i frodyr iau. Mae Dan yn cofio rhan o'r diwrnod hwnnw'n glir pan oedd ei dad yn gyrru'r car allan o erddi'r amlosgfa. Drwy gydol y gwasanaeth roedd ei wyneb yn ddwys a than reolaeth fel sy'n gweddu i wyneb gweinidog. Pan oedd y gwasanaeth drosodd a'r arch wedi mynd drwy'r llenni a'r blodau'n wincio ar ymyl y lôn darmac a arweiniai allan o'r amlosgfa, a Dan yn eistedd yn sedd y teithiwr blaen, yn dair ar hugain oed ac wedi gorffen ei waith o gyd-ysgwyddo'r arch, daeth y car i stop cyn cyrraedd Ffordd Llandygái a gwelodd ben a gwegil ei dad yn gwyro dros y llyw. Clywodd sŵn na chlywsai erioed o'r blaen yn rhuthro allan o'i enau. Roedd y sŵn yn llenwi'r car. Roedd ei dad yn crio.

* * *

Cyn cau'r bocs olaf, astudiodd Dan un o'r ffotograffau du a gwyn. Llun o'i ddyddiau ysgol oedd hwn, wedi'i gadw'n ofalus gan ei fam ymhlith papurau ei dad. Dyma nhw, ei hen gyfeillion, yn eu rhengoedd disymud. Y tro hwn, ataliodd ei hun rhag sylwi ar y merched, cyn-dduwiesau ei freuddwydion yn eu sgertiau byr a'u sanau gwynion. Ni chraffodd chwaith ar y bechgyn â'u gwenau ansicr ar dorlan eu dyfodol. Syllodd yn hytrach ar yr athrawon yn rheng gadfridogol a'u cefnau at fyddin swnllyd eu bara menyn. Am ryw reswm, y tro hwn, yr oedd un o'r athrawon yn y llun yn hawlio sylw Dan.

Ar yr olwg gyntaf, athro digon cyffredin oedd Roy Asher Smith. Deallus, ie. Dawnus hefyd. Llengar, yn ddi-os. Ond cyffredin hefyd – ar yr olwg gyntaf. Gwisgai sbectol oedd â ffrâm ddu, a'i wisg waith oedd siwt streip o doriad da. Pe baech yn ei gyfarfod am y tro cyntaf, gallech gredu mai gwas sifil oedd o, un prysur ynghylch pethau'r sefydliad, a dyna i gyd. Byddech yn anghywir. Roedd mwy i Roy Asher Smith nag oedd yn amlwg ar yr olwg gyntaf.

Nid llawer o filwyr blaen-y-gad allai ddweud iddyn nhw fod yn swyddfa Hitler rai oriau wedi i'r unben gyflawni hunanladdiad yn ei ffau. Un o'r milwyr hynny oedd Roy Asher Smith.

I ddisgyblion yr ysgol, athro diwyd oedd Mr Smith, athro Lladin. Dim ond hynny. Ond i un o gyfeillion Dan, bu'n ddylanwad o bwys. Gyda'i dablau berfol a'i ymarferion cyfieithu rhoddodd offeryn cywrain ac effeithiol i un a aeth ymlaen i astudio'r gyfraith ac a wasanaethodd ei wlad yn bencampwr yn ei llysoedd barn.

Roedd Mr Smith yn gartrefol ym myd Cerdd Dafod. Cyhoeddodd rai englynion epigramatig ac enillodd brif wobrau mewn sawl eisteddfod. A'i gyfraniad ym mywyd Dan oedd iddo ei annog i sgrifennu. Awgrymodd y dylai anfon ei waith i Eisteddfod Môn, a phan enillodd rai o'r gwobrau, roedd ei longyfarchiadau'n gynnes a brwdfrydig.

Un o'i gymwynasau oedd annog Dan a ffrind o'r enw Howard i ysgrifennu traethodau ar gyfer cystadleuaeth a gynhaliwyd gan gymdeithas y Ford Gron. Pan enillodd y ddau ohonynt y gystadleuaeth, cawsant y fraint a'r anrhydedd o fynd i un o gyfarfodydd y gymdeithas a darllen eu gwaith. Ar ôl y cyfarfod rhoddodd Roy Asher Smith wahoddiad i Dan a Howard i'w gartref i ddathlu eu camp uwch paned o de a theisen. Yno, yn ystod yr hwyl a'r chwerthin a'r tynnu coes, a Mrs Smith yn tywallt y te o debot mawr gwyn, edrychodd Dan ar rai o'r llyfrau oedd ar silffoedd yr athro. Fel y gellid disgwyl, dangosai eu hamrywiaeth ei ddiddordebau eang. Ond ymhlith y casgliad eclectig, yr oedd un gyfrol a dynnodd sylw Dan. Tynnodd hi oddi ar y silff a darllen ei hwynebddalen: *Mein Kampf* gan Adolf Hitler. O dan eiriau printiedig yr wynebddalen roedd geiriau Almaeneg mewn llawysgrifen: '*Zu meinem freund, Hermann*' (i'm cyfaill, Hermann).

Cododd Dan ei ben ac edrych ar wyneb yr athro. Yna holodd yn llawn difrifoldeb a chwilfrydedd, 'Pam ydych chi'n cadw'r gyfrol hon? Dydi hi ddim yn gyfraniad iach i'ch llyfrgell.'

Cytunodd Roy Asher Smith. 'A dwi ddim am ei chadw'n hir. Ma hi yma ar hyn o bryd fel memento.'

'Memento?'

'I gofio am ddiwedd yr Ail Ryfel Byd a'r profiad o fod yn un o'r rhai cynta i fynd i mewn i swyddfa'r bwli oedd yn smalio bod yn ddyn gwâr. Fel pob bwli roedd Hitler yn giamstar ar fod yn rebel, yn *maverick*, wrth ei fodd yn cael sylw ond heb ronyn o barch at ddymuniada pobol eraill. Fel y gwelwch chi, roedd Hitler wedi llofnodi'r copi hwn a'i roi i Hermann Goering. Dipyn o ddigrifwr oedd hwnnw. Mi wnaeth i bobol chwerthin yn ystod ei brawf yn Nuremberg. Wedyn mi gafodd ei grogi.'

Dechreuodd Dan feddwl am brofiad rhai fel Roy Asher Smith yn yr Ail Ryfel Byd. Yn wahanol i'w dad, na fu raid iddo frwydro, roedden nhw wedi wynebu'r gelyn ar ei dir ei hun. Roedd eraill wedi brwydro hyd angau. Heb eu hymdrechion a'u haberth nhw, sut le fyddai Cymru heddiw? Ac eto, chwedl Waldo:

Pa werth na thry yn wawd
Pan laddo dyn ei frawd?

Roedd y Quattro bellach yn llawn hyd y to. Cyn tanio'r injan, edrychodd Dan un waith eto ar Fryn Ffynnon. Does ryfedd, meddyliodd, fod y tŷ hwn wedi golygu cymaint i'w dad. Rhwng ei furiau diaddurn roedd atgofion ieuenctid, ac o'i flaen roedd y dyffryn a'r uchelfannau – golygfa'r canrifoedd. Profiad rhyfedd i Dan fu byw yma heb gwmni am dridiau. Oherwydd y gwaith o glirio, darllen llythyrau a dychmygu gorffennol ei dad, roedd y tŷ wedi derbyn y swyddogaeth o fod yn gartref dros dro iddo yntau. Er hynny, doedd o ddim wedi llwyddo i ganfod hanfod bywyd ei dad. Hwyrach, meddyliodd, wrth i'w fodur ddechrau symud rhwng gwrychoedd y lôn gul, hwyrach nad ydi canfyddiadau o'r fath yn bosib, mewn gwirionedd. Er pob adnabyddiaeth arwynebol, yn y diwedd rydym i gyd yn enigma i'r rhai agosaf atom. Ond fe gawn ambell gip sy'n awgrymu datrysiad.

Wrth i Fryn Ffynnon gilio o'r golwg yn nrych ôl y car, meddyliodd Dan am un o'r llythyrau a ganfu ymhlith papurau ei dad. Ymguddiai'r llythyr hwnnw mewn amlen fach â'r enw Cartref y Ffordd ar ei frig. Wrth afael yn y llythyr hwn, daeth llif o atgofion i'w feddwl.

Yn ei arddegau yng nghartref ei rieni ym Mryn Glannau, bu'n chwilota am amlen wag yn nesg ei dad. Digwyddodd weld amlen fawr, ac yn honno roedd hen ffotograffau a thoriadau papur newydd a llythyrau. Roedd un o'r llythyrau hynny, darn o bapur gwyn wedi melynu, yn cynnwys ar ei frig mewn llythrennau swyddogol y geiriau Cartref y Ffordd. Hwnnw oedd y llythyr a ddarganfu ym Mryn Ffynnon. Darllenodd y llawysgrifen ifanc ac aneglur:

Annwyl Mam,

Mae Berwyn a fi yn ein hail wythnos yn y lle yma. Mae Mrs Jones yn dweud bod Berwyn a fi yn fechgyn da. Pryd cawn ni ddod yn ôl adra, Mam?

    Cofion cynnes,

    Arfon

Wrth i Dan ddarllen y llythyr yn uchel yn y parlwr, gwrandawodd ei dad, ei ben ar ogwydd a golwg astud ar ei wyneb. Yna cymerodd y papur o law ei fab a'i ailblygu yn ei blygiadau gwreiddiol, a'i roi yn ôl yn yr amlen. Wedyn cerddodd i'r gegin gefn fach i ferwi llefrith mewn sosban fach gam. 'Coffi yn y caffi,' meddai ymhen rhai munudau wrth osod y cwpanau ar hambwrdd. Y foment honno clywsant gloch y drws ffrynt yn canu. Gerwyn oedd yno, i weld Dan.

'Oes 'na ogla coffi yma, deudwch?' gofynnodd hwnnw, gan ennyn chwerthin y tad a'r mab. Fel arfer byddai Dan a'i dad yn yfed eu coffi yn y gegin; y tro hwn fe aethon nhw i'r parlwr lle roedd haul y bore yn gwahodd. Ar unwaith fe soniodd Dan wrth Gerwyn am y ffaith ddiddorol yr oedd newydd ei ddarganfod, fod ei dad pan oedd yn fachgen ifanc wedi treulio peth amser yng Nghartref y Ffordd. Sylwodd ar y syndod yn wyneb Gerwyn a'r gwg yn wyneb ei dad. Yna aeth y sgwrs ymlaen i sôn am ddatblygiadau newydd yn rhai o strydoedd canol y dref.

'Wel,' meddai Gerwyn yn y man, gan osod ei gwpan gwag ar y silff ben tân, heb air o ddiolch, 'mae'n bryd imi 'i throi hi. Ma'r barbwr yn edrych 'mlaen at weld 'y ngwallt i ar lawr 'i siop o.' A ffwrdd â fo dan chwerthin.

Ar ôl i'r drws ffrynt gau ar ei ôl, meddai Arfon Rhys â gwrid yn ei wyneb, 'Mi wnest ti siarad gormod gynna.'

'Pam 'dych chi'n deud hynna?'

'Doedd gen ti ddim hawl i sôn am yr amser dreuliais i yn y cartra 'na.'

'Mi oedd o'n gartra.'

'Be wyddost ti am gartra fel hwnnw?'

Chlywodd Dan mohono'n sôn am y 'cartra' byth wedyn, er iddyn nhw yrru heibio i'r adeilad sawl gwaith. Bu'r ychydig eiriau yn y parlwr, y gwrid ym mochau ei dad a'r cerydd ysgafn yn ddigon i godi cwr y llen ar y cywilydd a deimlai Arfon Rhys oherwydd y tlodi a brofodd o a'i deulu tua 1922. Er atgofion hapus Anti Eirlys drwy ei sbectol rosliw, doedd y cyfnod hwnnw ddim yn hapus a digwmwl i'w brawd. Nid deunydd 'diddorol' i siarad a sgrifennu amdano chwaith. Ond cyfnod arteithiol o siom a chywilydd. Adeg ydoedd o gael ei rwygo, am gyfnod, oddi wrth ei deulu.

Braf ganddo wedyn, mae'n siŵr, wrth i'r cysgodion gilio dros dro, oedd dychwelyd i Fryn Ffynnon a mwynhau cwmni ei frodyr a'i chwiorydd.

Tybed, meddyliodd Dan, a fu profiad ei dad – cywilydd tlodi, a bod yn alltud oddi wrth ei deulu – yn gymorth iddo, ymhen blynyddoedd, i gyfrif ei fendithion heb gymryd yr un fendith yn ganiataol? Doedd o byth yn rhoi'r argraff ei fod wedi cael cam. I'r gwrthwyneb, dyn wedi canfod trysor oedd o. Clywodd Dan ef yn sôn, ar adegau prin, am yr ymgyrch ym Maen y Môr pan ddaeth criw o fyfyrwyr o'r Brifysgol i arwain cyfarfodydd pregethu yn un o gapeli'r pentref. Dyna'r pryd y rhoddwyd i'w dad ac yna i'w fam y 'gyfrinach hapus', sef ffydd i gredu yn Iesu Grist yn waredwr personol. Hynny, fe glywodd ei dad yn dweud, oedd 'darn olaf y jig-so'.

* * *

Aeth dros hanner canrif heibio ers hynny, ac erbyn hyn mae Dan a'i genhedlaeth yn paratoi at eu hymadawiad hwythau.

Yn ddiweddar, cerddodd Dan a Mali i mewn i swyddfa'r Dywysogaeth. Dyma'r cwmni y buont yn ffyddlon iddo ers dechrau eu bywyd priodasol gyda'i gilydd. Roedd y ddau yn hyderus y caent wasanaeth teilwng yma.

'Dy'n nhw ddim yn arbenigo ar angladda,' meddai Mali. 'Wyt ti'n siŵr y byddan ni mewn dwylo diogel?'

'Yn hollol siŵr,' meddai Dan, mor hyderus â phetai'n holi am drefnu ei angladd ei hun bob diwrnod.

Ymddiheurodd eu bod yn hwyr a dywedodd y fenyw y tu ôl i'r ddesg, 'Popeth yn iawn, bach. Ewch i mewn i'r swyddfa acw. Fe ddaw Angela atoch yn fuan. Hoffech chi baned o de?'

Derbyniodd y ddau ei chynnig, ac i mewn â nhw i'r swyddfa. Roedd desg mor llydan â thragwyddoldeb yn llenwi'r ystafell fechan, ac eisteddodd y ddau ar y cadeiriau oedd wedi'u gosod yn barod ar gyfer cwsmeriaid. Hongiai bleinds gwyn ar y ffenest, a thrwy'r bylchau gallai Dan weld pobl yn cerdded ar y palmant y tu allan: ffigurau aneglur oedd yn agos a phell yr un pryd fel pe baent yn troedio palmant mewn dimensiwn arall.

Agorwyd y drws a cherddodd menyw dal a gosgeiddig i mewn i'r swyddfa. Gwenodd gan ddweud, 'Peidiwch â chodi. Angela wyf i, y Prif Swyddog Angladde. Falch o weld bod eich te wedi cyrredd.'

Edrychodd arnynt â'i llygaid glas, yn gyntaf ar Mali ac yna ar Dan, fel pe bai'n feddyg profiadol a wyddai bopeth am orffennol a dyfodol y ddau.

''Wy mor falch eich bod chi wedi dod i 'ngweld i. Fi yw'r unig un yn y cwmni hwn, wyddoch chi, sy'n ca'l trafod angladde. Fi 'di ca'l yr hyfforddiant. Ond fydda i ddim yma'n hir. Symud i swydd uwch 'da cwmni arall. Fel arfer dwi'n siarad Saesneg â'r cwsmer, ond 'da chi, fi'n hapus i siarad Cymra'g.'

'Diolch,' meddai Dan. ''Dyn ni bob amser yn gwerthfawrogi cael siarad yn ein mamiaith.'

'Yn arbennig am fusnes mor sensitif ag angladde,' meddai Angela.

'Yn hollol,' meddai Mali yn ei llais busnes gwrthod-hel-dail. 'Beth 'dych chi'n 'i gynnig sy'n well na'r hyn sy gan y lleill?'

'Does gen i ddim hawl siarad am y lleill,' meddai Angela. 'Heb ga'l awdurdod o'r Swyddfa Uwch, chi'n gweld. Ond 'wy'n gallu dangos i chi beth sy gennyn ni i'w gynnig.'

Gwasgodd fotwm ar ei chyfrifiadur a goleuodd y sgrin fawr. Sylwodd Dan ar ei hewinedd cymesur a'i bysedd lluniaidd. Roedd ei breichiau o dan y penelinoedd yn noeth, ac fel petai am brofi nad oedd hi uwchlaw byd y meidrolion roedd blewiach golau cynnil yn addurno'r ddwy fraich. Rhaeadrai ei gwallt golau heibio'i hwyneb cymesur gan ymdywallt yn ddidrafferth dros un ysgwydd. Wrth iddi siarad, gallech glywed ar unwaith fod cywair ei llais yn gweddu i'w swydd. Dyfalodd Dan fod y seren hon newydd gyrraedd o ddimensiwn goruwchnaturiol stiwdios Hollywood. Bron na welai gysgodion adenydd ar y mur y tu ôl iddi.

'Dyma'r Cynllun,' meddai Angela gan agor llyfryn sgleiniog a'i daenu â'i ben i waered ar y ddesg. Fel y gwelwch chi, mae 'na dair colofn: sylfaenol, canolig a safon aur. Pwyntiodd Mali i ddangos i Dan fod dau limosîn yn cael eu haddo yn y drydedd golofn.

'Pa golofn ma'r rhan fwya o bobol yn 'i dewis?' gofynnodd Dan ei gwestiwn stoc wrth brynu car, peiriant golchi dillad neu deledu. Gwenodd Angela.

'Does gen i ddim hawl dweud, ond gan ein bod ni'n siarad Cymra'g ...' Cyffyrddodd yr ail golofn yn chwim ac ysgafn â mynegfys ei llaw dde.

'Yn eich barn chi,' holodd Dan ei ail gwestiwn clasurol, y tro hwn fel petai'n dewis siwt, 'be ydi prif fantais y cynllun hwn?'

'Ma' fe'n gynllun hyblyg,' atebodd Angela. 'Os chi'n moyn i bobol wisgo pinc, ma hynny'n iawn. Os chi'n moyn iddyn nhw wisgo glas, ma hynny'n iawn hefyd.'

'Perffaith,' meddai Dan. Yna ychwanegodd, 'Dwi'n sylwi fan hyn ar y gair "amlosgi". Ydych chi'n darparu ar gyfer pobol sydd am gael eu claddu hefyd?'

'Ydyn, ydyn. Dim problem yn y byd.' Edrychodd Angela â'i llygaid proffesiynol i fyw llygaid Dan. 'Ma'n *bosib* y bydd cost claddu, pan ddaw, rywfaint yn fwy.'

'Rhywfaint?'

'Ie. Rhywfaint.'

Llyncodd Dan ei boer. 'Sut hynny? Onid holl bwrpas cynllunia fel hyn ydi osgoi costau ychwanegol?'

'Ie,' meddai Angela.

'Pam felly ...'

'Does gen i ddim hawl dweud wrthych chi pam.'

'Hyd yn oed yn Gymraeg?'

Plygodd Angela ymlaen a dweud mewn llais tawel a chyfrinachol, 'Pris tir, chi'n gweld. Ni'n methu dweud beth fydd prisie tir yn y dyfodol. Dyna orchymyn yr Adran Uwch. Ma' raid i fi ddilyn y rheole. Ac efalle, yng Nghymru ... wel, wedi Brexit, do's wybod beth fydd yn digwydd i'r tir.'

'Mi ystyriwn ni'r mater a chymharu prisia.'

''Wy'n edrych 'mla'n at eich gweld y tro nesa,' meddai Angela.

'Diolch yn fawr,' meddai Dan. 'Mi wnawn ni astudio'r llenyddiaeth 'ma.'

'Wel, dyna ni 'ta,' meddai Mali yn ei llais tynnu-pethau-at-ei-gilydd, yn amlwg wedi cael digon am y tro. 'Diolch i chi am eich arweiniad, Miss ...'

'Angela.'

Cerddodd Dan a Mali allan o'r swyddfa. Cyn iddyn nhw groesi'r ffordd a'i llif o draffig, gwelent drwy ffenest y swyddfa fod Angela'n siarad dros y ffôn gyda rhywun, ei chwsmer nesaf, efallai, neu'r Brif Swyddfa.

* * *

Wrth iddo yrru adre yn y Quattro mae llu o bethau'n gwibio drwy feddwl Dan. Mae'n cofio'r storm uwch Bryn Ffynnon. Yna mae'n cofio geiriau Angela ac yn gwenu oherwydd y sgwrs od. Yn yr eiliad nesaf mae'n cofio'r amgylchiadau pan fu ei dad farw.

'Mae dy dad yn y ward gofal dwys. Tyrd draw ar unwaith.'

Roedd y pryder yn amlwg yn llais ei fam. Ceisiodd Dan reoli ei lais yntau.

'Sut mae o?'

'Digon gwantan. Mi gafodd o drawiad go fawr.'

'Pryd?'

'Nos Wenar. Wedi wsnos brysur.'

'Prysur?'

'Y gwaith arferol. Ymweld. Angladda.'

'Er 'i fod o wedi ymddeol?'

'Anodd gwrthod ffrindia.'

'Faint o'r gloch aeth o i mewn?'

'Saith o'r gloch neithiwr.'

'Ble ydach chi rŵan?'

'Yn y stafell aros. Mi fydda i'n mynd i mewn ato yn y munud.'

'Mam.'

'Ia?'

'Oes 'na bobol eraill yn cael mynd i mewn ato?'

'Ambell un.'

'Pwy?'

Dim ateb.

'Oes beryg iddo gael gormod o ymwelwyr?'

'Paid â trio 'nysgu fi, Daniel.'

'Ddim dysgu. Poeni.'

'Tydan ni i gyd yn poeni.'

'Dwi ddim isio iddo fo gael gormod o ymwelwyr, Mam.'

'Pam?'

'Mi allai hynny 'i ladd o.'

'Paid â 'nychryn i, wir. Ma' llawar yn ca'l trawiad. Efo'r holl dabledi a pheirianna, ma'r doctoriaid yn medru ...'

'Mam, ma' hi'n benwythnos.'

Distawrwydd. Sŵn crio.

'Mam, peidiwch â chrio.'

'Fedra i ddim peidio ...'

'Wrth gwrs mi fedrwch chi beidio. Ma'n bwysig ichi gadw'ch pen. Ma' bywyd Dad yn dibynnu ...'

'Dydi o ddim yn dibynnu arna i.'

'Y munuda yma, Mam, mae'i fywyd o yn y fantol.'

'Ma'r doctor yn deud ...'

'Pa ddoctor?'

'Yr un ifanc sy'n gneud gwaith locwm.'

'Ma' hynna'n profi f'ofna i.'

'Wyt ti'n dal i drio 'nychryn i?'

'Dwi ddim yn trio dychryn neb, Mam. Ma' bywyd Dad yn y fantol, a be ydan ni'n neud?'

'Dwi yma. Dwi yma wrth 'i ymyl o.'

'Ydach, ond ydach chi'n gweld y sefyllfa'n glir?'

'Ma' hi'n anodd arna i, Daniel. Bydd yn fwy ystyriol, da ti.'

'Ma' hyn yn rhy bwysig imi smalio a bod yn glên, Mam. Ma' 'na beryg inni 'i golli o.'

'Ma' 'na obaith ...'

'Dim sicrwydd.'

'Dwi'n gorfod mynd rŵan, Daniel. Ti'n trio helpu. Ond fan acw wyt ti ...'

'Mam, gwrandwch. Plis gwrandwch. Cyn ichi fynd, wnewch chi addo un peth?'

'Be, Daniel?'

'Peidio gadael i ormod o bobol fynd i'w weld o.'

Distawrwydd.

'Mae o wedi gweld digon o bobol drwy'i fywyd. Wedi helpu digon ohonyn nhw. Mae o'n haeddu llonydd rŵan.'

'Llonydd? Heb neb ar 'i gyfyl o?'

'Os ceith o lonydd, hwyrach y ceith o fyw.'

'Rhaid imi fynd ato fo rŵan.'

Pan aeth Dan yn ôl i'r gegin, roedd Mali yn eistedd wrth y bwrdd pren yn crafu tatws.

'Sut oedd o?'

Eisteddodd Dan wrth ei hymyl a rhedeg ei fysedd drwy'i wallt.

'Ro'n i'n poeni amdano cyn ffonio. Dwi'n pryderu mwy rŵan.'

'Pam?'

'Beryg 'i fod o'n cael gormod o ymwelwyr.'

'Sut gwyddost ti?'

'Ar sail be ddwedodd Mam.'

'Be oedd hynny?'

'Pobol. Pobol am 'i weld o.'

'Pam lai? Ma dy dad yn ddyn pobol. Wedi bod erioed.'

'Ydi. Ond mi fyddan nhw'n 'i flino fo. Mynd â'i egni fo.'

'Hwyrach y byddan nhw'n rhoi cysur iddo fo. Mynd â grawnwin iddo fo ...'

'Mynd â'i fywyd o hefyd.'

'Dan, paid â meddwl y gwaetha. Ma' hyn yn anodd inni i gyd.'

'Ma' 'ngreddf i yn deud fod bywyd Dad mewn peryg. Ond does neb yn gwrando arna i ...'

'Oes siŵr. Ma'r teulu'n gwrando arnat ti. Yn parchu dy farn di.'

'Tasan nhw'n parchu fy marn i, pam fod 'na res o bobl yn ca'l mynd i weld Dad ac ynta'n brwydro am 'i einioes?'

'Mi fydd petha'n well yn y bore.'

Er ei ofidiau, dilynodd Dan eu confensiwn noswylio arferol, a gosododd lond jwg o lefrith yn y meicro i wneud diod o siocled i Mali. Aeth hi i'r llofft o'i flaen, a chyn yfed ei diod diosgodd ei dillad a sefyll o flaen ei gŵr yn ei dillad isaf.

Gosododd yntau gledrau ei ddwy law ar ymchwydd cymesur ei bronnau. Cofleidiodd y ddau nes teimlo caledwch eu cyrff yn cyfarfod fel petai am y tro cyntaf. Wedi'r tynhau a'r ymlacio, gorweddodd y ddau ar eu cefnau, pob tyndra, am y tro, wedi 'madael.

Er gollyngdod eu caru, ni allai Dan gysgu. Methai â bwrw o'i feddyliau y darlun o'i dad yn gorwedd ar ei gefn yn gwrando ar synau'r ward. Murmur isel y peiriannau. Sŵn traed y nyrs yn cerdded i mewn i'r ward ac allan.

Trodd Dan ar ei ochr. Yn ddistaw, rhag deffro Mali, cododd o'r gwely, codi'r gŵn tŷ oddi ar fachyn ar gefn drws y llofft, a cherdded i lawr y grisiau i'r gegin. Wrth ddisgwyl i'r tegell ferwi, syllodd drwy'r ffenest dywyll a sylwi ar y coed pinwydd uchel yn rheng dywyll yng ngwaelod yr ardd. Roedd y coed pinwydd yno, yn amgylchynu'r ardd gefn, pan ddaeth o a Mali i fyw yma gyntaf. Roedden nhw'n uchel bryd hynny, ac erbyn hyn roedden nhw'n cau am yr ardd fel dwrn. Roedd hi'n hen bryd iddo drefnu iddyn nhw gael eu torri, meddyliodd. Tybed pwy oedd yn cynnig y gwasanaeth hwnnw? Byddai'n rhaid iddo holi drannoeth. Edrychodd ar y cloc ar wal y gegin. Deng munud wedi dau; roedd drannoeth wedi cyrraedd yn barod.

Torrwyd ar draws y distawrwydd gan gloch y ffôn. Daria! Byddai'r sŵn yn deffro Mali, meddyliodd Dan, a hithau angen ei chwsg cyn mynd i'r ysbyty. Yna teimlodd yn oer drwyddo wrth sylweddoli bod yr alwad, fwy na thebyg, ynglŷn â chyflwr ei dad.

*   *   *

Wrth agosáu at gartref Garmon ac Esyllt ar ei ffordd yn ôl i Gaerdydd, teimlai Dan ei fod yn troi dalen newydd. Unwaith eto roedd wedi croesi'r ffin rhwng gogledd a de, ac unwaith eto teimlai ei fod yn teithio o un wlad i wlad arall. Roedd ymweld â

Bryn Ffynnon wedi bod yn brofiad poenus ond gwerthfawr, yn gatharsis.

'Sut hwyl gefaist ti ym Mryn Ffynnon?' holodd Garmon wrth iddyn nhw sgwrsio o flaen y tân agored yn lolfa gysurus Lluest.

'Faswn i ddim yn deud 'mod i wedi cael "hwyl".'

'Oedd o'n amser buddiol, 'ta?'

'Buddiol?'

'Wyt ti'n teimlo'n well?'

Syllodd Dan yn hir ar y tân fel petai'n astudio pa mor drylwyr y gwnâi'r fflamau eu gwaith.

'Ydw,' meddai, 'dwi'n teimlo'n well ers ein sgwrs ddiwetha.'

'Pam? Be ddigwyddodd?'

Cododd Dan o'i gadair ger bwrdd y gegin a symud at y ffenest. Drwy honno gallai weld ei Quattro ffyddlon yn disgwyl amdano yng nghysgod coeden ffawydd.

'Ddigwyddodd dim byd dramatig. Ond mi ges i gyfle i feddwl.'

'Wnest ti lwyddo i gofnodi rhai o dy feddylia?'

'Do. Wrth fynd drwy bapura a mân betha 'Nhad, ro'n i'n cael f'atgoffa o'r hyn oedd yn cyfri iddo.'

'Fel be?'

'Roedd o'n hoff o ddarllen.'

'Darllen be?'

'Diwinyddiaeth, fel y byddet ti'n ddisgwyl. Llenyddiaeth hefyd. Rhyddiaith a barddoniaeth. Ac roedd ei ddarllen, dwi'n meddwl, yn help iddo fo yn ei waith bob dydd.'

'Ddoist ti ar draws enghraifft o hynny?'

'Do. Roedd rhai o'i gyfoeswyr yn credu ei fod yn ddyn unig. Yn dilyn trywydd gwahanol i nifer o'i gyd-weinidogion. Yn gwrthod mynd gyda'r lli'. Ond chlywais i 'rioed mohono'n deud ei fod yn unig. Ac yn un o'i lyfra nodiada roedd 'na ddyfyniad ...'

'Pa fath o ddyfyniad?'

'Llinell o un o gerddi Siôn Cent. Dyma hi: "Nid oes iawn gyfaill ond un". '

Daeth saib i'r sgwrs wrth i Garmon a Dan droi'r llinell yn eu meddyliau. Yn y man, meddai Garmon, 'Dwi'n falch dy fod wedi cael amser buddiol.'

'Therapi'r mynyddoedd, 'sti. Does dim byd tebyg.'

'Mi gefaist ti gip ar gefndir dy dad. Wnest ti ddysgu unrhyw beth amdanat ti dy hun?'

'Do, yn sicr.'

'Be oedd hynny?'

'Mi ges i gip ar fywyd tlawd y teulu yn y cyfnod rhwng y ddau Ryfel Byd. Dim ond crafu byw oeddan nhw, 'sti, a hynny mewn lle ofnadwy o oer yn y gaea. Ond doeddan nhw ddim yn ildio i hunandosturi. I'r gwrthwyneb, roeddan nhw'n ddiolchgar am bob bendith fach. Mam 'y nhad, er enghraifft, roedd hi wrth ei bodd, yn ôl atgof Anti Eirlys, oherwydd yr ychydig geinioga roedd hi yn eu cael am olchi dillad. O gymharu â bywyd o'r fath, be sy gen i i gwyno amdano?'

'Hwyrach fod mynd yn ôl wedi bod yn help iti anghofio am dy broblema dy hun.'

'Os nad anghofio, eu gweld nhw mewn persbectif gwahanol.'

* * *

Fis yn ddiweddarach, roedd Dan a Mali yn cerdded yn y Bannau. Gan adael y car yn y maes parcio, dyma ddilyn un o'r llwybrau ar y llwyfandir agored.

'Awyr y mynydd,' meddai Mali ac anadlu'n ddwfn. 'Chei di ddim byd gwell.'

'Dim llwch,' ategodd Dan.

'A dim traffig. Edrych,' meddai Mali.

O'u blaen, ar orwel agos y tir comin, safai gwraig wrth ochr rhyw greadur oedd bron cyn daled â hi.

'Be ydi o?'

'Merlyn?'

'Go brin.'

Cerddodd Dan a Mali law yn llaw at y wraig a'r creadur.

'Diwrnod braf i gerdded.'

'Odi,' atebodd y wraig. 'Mae Len a finne wrth ein bodde.'

Syllodd Dan a Mali ar Len – ci mawr bonheddig ei wedd a'i osgo. Wrth iddo gamu ymlaen tuag atyn nhw cyn sefyll yn llonydd, roedd y ci fel petai'n profi ansawdd y pridd cyn rhoi pwysau'i gorff arno. Prin y cyffyrddai ei bawennau â'r ddaear. A doedd o ddim yn un i wneud peth mor waradwyddus â thynnu ar ei dennyn. Wrth sefyll yno a'r gwynt yn plygu ei glustiau'n ôl, cododd ei ben yn hamddenol i edrych i fyw llygaid ei feistres er mwyn iddo allu dehongli ei bwriad.

'Dyna flewyn â graen arno,' meddai Dan gan estyn ei law dde i fwytho cefn y ci. 'Mae o'n olau a meddal fel gwlân dafad.'

'Odi. Ac mae ganddo ddwy gôt o flew,' meddai'r wraig. 'Gyda llaw, Anita yw fy enw i.'

Wedi'r ysgwyd llaw, meddai Dan, 'Beth yw ei frid?'

'Ci Mynydd Pyreneaidd yw e. Oherwydd ei liw gwyn, roedd yn hawdd gwahaniaethu rhyngddo a bleiddiaid ac anifeiliaid gwyllt eraill.'

'Math o gi defaid, felly?'

'Ie. Un effeithiol dros ben. Gall ddangos ei ddannedd, cofiwch, pan fo angen hynny.'

'Mae'n edrych yn rhy garedig i fod yn gwffiwr.'

'Ma' fe'n garedig tan i rywun ei ddigio. Druan o'r blaidd fydde'n codi gwrychyn Len.'

Symudodd Len ei ben a hanner cau ei lygaid wrth iddo flasu'r ganmoliaeth.

'Yn y Pyreneau,' meddai Anita, 'amddiffyn y defed yw prif waith cŵn fel hyn.'

'A dwi'n siŵr eu bod nhw'n gweithio'n effeithiol,' meddai Dan. Edrychodd Len arno, ei drem uchelwrol fel petai'n ei asesu.

'Gwarchod y gorlan,' meddai Anita. 'Maen nhw'n warchodwyr gwych.'

'Sut byddan nhw'n gwarchod?' holodd Mali.

'Drwy orwedd o flaen y praidd. Os bydd y praidd mewn corlan, ma' nhw'n gorwedd ar draws drws y gorlan.'

Cododd Len ei ên a rhoi un cyfarthiad clir i ategu'r swydd-ddisgrifiad.

'A phan fydd Len gyda mi gartre,' ychwanegodd Anita, 'fydd e byth yn closio at yr aelwyd, hyd yn oed pan fydd ynddi danllwyth o dân yn y gaea.'

'Pam hynny?' holodd Mali.

'Achos, iddo fe, fy stafell fyw i yw'r gorlan, chi'n gweld. Dyna'i gorlan e, ac mae'n benderfynol o'i gwarchod hi.'

'A'ch gwarchod chi?'

'Yn gwmws.'

Fel petai'n gi cyffredin am ennyd, ysgydwodd Len ei gynffon.

Y Trefnydd

Roedd y gwanwyn wedi cyrraedd yn gynnar i'r berllan yn Orpington, ac o'i wely yn llofft gefn ei dŷ gallai Gronw glywed mwyalchen yn trydar. Meddyliodd am gymuned fach y coed afalau yng ngwaelod yr ardd yn dechrau blaguro, a llamodd ei feddwl ymlaen at fisoedd yr haf pan fydden nhw'n dechrau dwyn ffrwyth. Bryd hynny, byddai'r eirlysiau a'r cennin Pedr wedi cuddio'u pennau a'r afalau'n dechrau ymffurfio o'u cnewyllyn gwyn a phinc.

Trodd Gronw ar ei gefn i lacio mymryn ar y boen a deimlai o dan ei asen chwith. Cododd ei ben oddi ar y gobennydd i graffu ar ei adlewyrchiad yn y drych ar ddrws y wardrob. Sylwodd fod ochrau ei wyneb, o dan esgyrn y bochau, wedi pantio.

Meddyliodd yn sydyn am yr haf hwnnw pan oedd yn ddeunaw oed, ei ddyfodol o'i flaen ac yntau'n edrych ymlaen at fynd i'r coleg.

Ei hoff lecyn ar gyfer darllen oedd y darn o dir ar y llechwedd uwchlaw'r pentref. Yno ar y glaswellt rhwng y twmpathau eithin gallai dreulio oriau heb i neb ei weld. Yn y llecyn hwnnw y digwyddodd rhai o'r profiadau cynnar: gwrando ar Bob Dylan yn canu, ar y transistor, ei gân 'Blowin' in the Wind'; darllen James Joyce; llowcio'r newyddion am y cyffroadau gwleidyddol yn yr Unol Daleithiau; dyfalu ynglŷn â'i ddyfodol ei hun a'r holl bosibiliadau.

Fel y gwyddai pawb yn y pentref, bu'n rhaid i'w ddau frawd adael yr ysgol ar y cyfle cyntaf i fynd i weithio i helpu eu mam weddw i dalu'r biliau. Ond ef, Gronw, oedd yr un a gafodd barhau â'i addysg.

Wrth i'w feddwl grwydro'n ôl i'w orffennol i gyfeiliant sŵn traffig y bore ar strydoedd Orpington, meddyliodd mor wahanol oedd yr ardal hon i'w hen gynefin yn Arfon. Mor wahanol i'r diriogaeth goll oedd y faestref, a'r cyfleoedd a gynigid yno yn rhai cwbl arbennig.

Er mor brysur oedd diwrnodau ei fam ar ôl marwolaeth ei dad mewn damwain beic modur, roedd ganddi hi barch eithriadol at fyd llyfrau. Ei huchelgais mawr oedd i un o'i meibion gael cyfle i fynd i goleg a chael swydd 'go iawn' yn hytrach nag ymlafnio mewn jobsys ceiniog a dimai. Sylweddolodd ei fam yn fuan mai ynddo fo, Gronw, yr oedd yr addewid mwyaf. Felly, ar foreau Sadwrn, pan oedd ei frodyr yn chwarae yn y coed ac ar y creigiau gyda bechgyn eraill y pentref, gwibiai ar gefn ei feic i'r llyfrgell yn y dref i astudio. Ar y pryd, doedd hynny ddim yn bleser pur oherwydd bod rhai o'r bechgyn hynny wedi meistroli'r grefft o dynnu coes a bwlio. Wrth iddyn nhw weld Gronw yn eistedd yn ansicr ar ei feic a'i fag ysgol ar ei gefn, roedden nhw yn eu helfen yn ei watwar â chrechwen a geiriau caled.

Deuai atgofion o un bore Sadwrn neilltuol yn ôl yn gyson i'w blagio. Bore niwlog, tamp oedd hwnnw a glaw smwc yn taenu haen o wlybaniaeth dros erddi tai teras y pentref. Ac roedd Gronw yn cychwyn, yn ôl ei arfer, ar ei daith i lyfrgell y dref.

'Sbïwch arno fo,' clywodd un o hogiau'r stryd isaf yn poeri drwy'i ddannedd.

'Gron Trwyn Llyfr yn mynd at 'i lyfra.'

'Sgynno fo ddigon o frêns rhwng 'i glustia dŵad?' holodd un arall.

'Ewch o'n ffordd i,' oedd ei ateb. 'Rŵan!'

Ceisiai ei orau glas i beidio derbyn cael ei fwlio, a chofiai rybudd ei fam fod yn rhaid magu croen a thalu bwli yn 'i goin 'i hun. Doedd hynny ddim yn hawdd i fachgen sensitif, ac yn ei wely cyn mynd i gysgu byddai'n dychmygu sut brofiad fyddai bod yn aelod o gang Stryd Isa yn lle bod yn Gron Trwyn Llyfr.

Ar ôl sefyll arholiadau Lefel 'A', cafodd ei dderbyn i fynd i Rydychen. Gwenodd wrth gofio'r bore pan ddaeth prif ffotograffydd yr *Herald Cymraeg* i dynnu ei lun. Er i sawl aelod o'r teulu ei longyfarch, daeth i glyw Gronw fod ambell gymydog wedi dweud y drefn am iddo gytuno i fynd dros y ffin i gael ei addysg yn Lloegr. Un bore, ac yntau ar ei ffordd adref o fod yn prynu torth o fara i'w fam, arhosodd ger wal uchel i glymu carrai un o'i esgidiau, a chlywodd ddwy wraig yn hel clecs yr ochr arall i'r wal. Roedd eu lleisiau'n gyfarwydd. Jane 'Rhafod oedd un a Mary Congol Dywyll oedd y llall – cymdogion oedd yn adnabod ei fam yn dda ac yn hysbys drwy'r fro am eu harfer o roi'r gair garwaf yn flaenaf.

'Pryd mae Tomi acw'n dechra yn y coleg, Mary?'

'Wsnos nesa.'

'Ydi o'n edrach 'mlaen?'

'Ydi 'sti. Edrach 'mlaen yn ofnadwy. Mae o fel gafr ar darana ...'

'Nerfus ydyn nhw i gyd i ddechra, 'sti. Ond mi fydd o wrth 'i fodd ym Mangor.'

'Bydd 'sti, Jane ...'

'Bangor yn ddigon da iddo fo. Yn wahanol i'r snob bach Gron Trwyn Llyfr 'na.'

Rhythodd Gronw ar risgl coeden oedd yn dechrau tyfu o'r clawdd ac arhosodd yn ei guddfan nes iddyn nhw fynd o'r golwg. Cofiodd eu geiriau drwy gydol y blynyddoedd, pob sill wedi glynu'n dynnach nag eiddew yn rhisgl ei ymennydd.

Trodd yn awr ar ei ochr dde a throi'r gobennydd yr un pryd. 'Damia'r chwys 'ma,' meddyliodd, 'a damia'r wyneba sy'n dechra hel o 'nghwmpas i eto.'

Ac yntau bellach yn wynebu'r ffenest, sylwodd Gronw ar y llafn o heulwen oedd yn ymwthio drwy hollt y llenni. Nofiai darnau bach o lwch yn y paladr hwnnw gan ddwyn i'w gof y pelydr o olau yn y Majestic ers talwm. Ni chofiai ddim am y ffilm ond cofiai arogl persawr Erin, a chyfaredd ei chorff.

Erin. Hi oedd ei bopeth bryd hynny. Ers iddo'i gweld am y tro cyntaf un bore Sadwrn ar y Maes, ni allai beidio â meddwl amdani: ei chorff, ei gwallt, ei llygaid. A'i phresenoldeb agos wrth ei ymyl. Ond, gwaetha'r modd, daeth eu perthynas i ben mor sydyn ag y dechreuodd, a hynny ryw brynhawn yn Awst pan alwodd i'w gweld yng nghartref ei rhieni. Roedd ganddo dusw mawr o flodau yn ei law, ac edrychai ymlaen at roi'r trysor iddi a theimlo meddalwch ei chusan.

Wedi iddo wasgu'r botwm i ganu'r gloch, agorodd y drws a gwelai wyneb Erin yn edrych arno. Wnaeth hi ddim edrych yn hir. Os gwelodd y blodau, wnaeth hi ddim cymryd arni. Ac meddai mewn llais oer a therfynol, 'Na, Gron. Dim diolch.' Yna caeodd y drws yn glep yn ei wyneb.

Syllodd yntau ar y drws a'r blodau cyn cerdded ymaith a thaflu'r holl liwiau i ffos ar y ffordd adref.

Edrychai yn awr ar rai o nodweddion ei ystafell wely: y garthen blu a'r pen gwely; y gist o ddroriau derw a'r caeadau gwyn ar bob ochr i'r ffenest. Mae'n siŵr fod cannoedd o stafelloedd tebyg iddi yn Orpington. Eto – iddo fo a'i wraig, Carol, wrth iddyn nhw gynllunio'u llofft yn yr hen ganrif – roedd y cyfan yn bersonol ac unigryw. Ar ben y gist o ddroriau roedd llun o'u plant, Richard a Claire, y ddau yn syllu arno o ffrâm euraid, yn hunanymwybodol yn eu gwisgoedd ysgol gynradd ond â'u llygaid yn chwerthin. Wrth graffu i'w gorffennol, gallai weld bod lliwiau eu dillad wedi pylu rywfaint a bod dirywiad cemegol wedi caniatáu i fymryn o frychni ymddangos ar eu hwynebau a'u gwallt.

Dau alluog oedden nhw, yn amsugno gwybodaeth, ac ar ôl i'r teulu symud i Orpington, ar ôl i Gronw gael ei benodi i'w swydd yn y coleg yn Llundain ac i Carol gael gwaith yn yr ysgol

gynradd leol, fe ymaddasodd y ddau yn burion. A bu'r ymadael
â'u hen gynefin, yn y blynyddoedd cynnar, yn fudd iddyn nhw
o safbwynt gyrfa a gwaith. Yn wir, roedd eu profiadau yn
Llundain, ym marn Gronw, yn baratoad ardderchog ar gyfer
bywyd. Yn dair ar hugain oed fe briododd Richard y fenyw a
aeth â'i fryd, Kathy o British Columbia, a symudodd y ddau yn
fuan wedyn i fyw a gweithio yn Efrog Newydd. Priododd Claire
fachgen o Landudno a gafodd swydd ym maes datblygu trefol
yn Lerpwl. Yn eu ffordd eu hunain, roedd Richard a Claire wedi
glanio ar eu traed.

Do, fe lwyddon nhw i ganfod a siapio eu bywydau eu
hunain. Ac ef, eu tad nhw, ynghyd â'u mam, a roddodd y
gefnogaeth ariannol iddyn nhw i ddechrau ar eu taith. Gwnaeth
hynny drwy lynu'n glòs wrth ganllawiau'r Adran, dringo trwy'r
rhengoedd a chyrraedd swydd o statws drwy ymwneud yn
ddoeth â'i gyd-weithwyr. Sut y llwyddodd o i wneud hynny ac
yntau'n arfer bod yn greadur mor swil ac ansicr? Drwy elwa o
brofiadau gwaith, wrth gwrs, a'i brofiadau yn y coleg cyn hynny.
Profiadau coleg! Sut y gallai anghofio cyngor y tiwtor di-flewyn-
ar-dafod a ddywedodd, 'Bydd yn rhaid iti gael gwared ar yr acen
yna os wyt ti am lwyddo i wneud dy farc.' Cyngor oedd yn dipyn
o sioc i Gronw ar y pryd. Ond ei ddilyn fu raid.

Cofia'n awr yr hyn a ddywedodd un o'i hen ffrindiau ysgol
yn ystod un o ymweliadau prin y dyn diarth â'i hen gynefin.

'Oes raid iti siarad fel'na?'

'Sut?'

'Fel tasat ti'n smalio bod yn rhywun arall.'

'Wel, mae acen pawb yn newid dros amser, 'sti, hyd yn oed
acen y Frenhines.'

'Peth annaturiol ydi i hogyn o'n stryd ni siarad fel'na ...'

'Siarad efo tipyn o sglein ydw i, dyna i gyd ...'

A dyna fu'i diwedd hi, am y tro.

Pan gyrhaeddodd yr aflwydd, fe ddaeth yn sydyn ac

annisgwyl fel ymwelydd o wlad bell. Aeth y meddygon a phobl y labordy ati'n hyderus i astudio'r ymwelydd ond heb lawer o lwyddiant. Er ceisio'u gorau glas i ddysgu iaith ei gelloedd, dysgwyr araf oedden nhw, a thoc roedd yr ymwelydd yn cael ei fwydo â chyflenwad cyson o dabledi ond heb lawer o fudd i Gronw.

Yn rhannol oherwydd ei salwch ac yn rhannol oherwydd ei natur a'i brofiad o fywyd, gallai holi ei hun yn well na neb.

'Er dy lwyddianna, boi bach, pa fudd sy 'di dŵad o dy fywyd di?'

'Mi wnes i 'ngora.'

'Do, do, boi bach. Ond pa fudd? A be oedd ar dy ben di yn gada'l dy gynefin?'

'Dyna'r llaw o gardia roddodd bywyd imi.'

'Ond roedd gen ti rywfaint o ddeud yn y mater. Cofia'r hen air, "Câr dy wlad a thrig ynddi".'

Doedd o ddim wedi bwriadu ymadael â'i hen gynefin. Doedd ganddo ddim cwyn yn erbyn y cynefin hwnnw. Ond doedd y drysau yno ddim wedi agor. A gadael fu ei lwybr anochel. Un peth ydi gadael, peth arall ydi dychwelyd. Ddim arno fo oedd y bai iddo gael ei ddadwreiddio, wrth gwrs. Ac er gwaetha'r dadwreiddio, roedd o wedi llwyddo i dorchi ei lewys a dal ati.

Meddyliodd am ei frodyr a arhosodd gartref. Bu'r daith iddyn nhw yn un gymharol anghymhleth. Y slafio mewn swyddi isel, corfforol. Y blinder, y diawlio a'r dal ati. Dal deupen llinyn ynghyd oedd egwyddor fawr eu bywyd nhw, ie, ond yno rhwng waliau cerrig y strydoedd cefn fe gawson nhw adegau o hwyl ac asbri. Roedden nhw'n rhan o'u bro ac yn perthyn iddi.

Roedd o, fel hwythau, wedi priodi a magu plant, ond doedd y profiadau hynny, rywsut, ddim wedi ei fodloni'n llwyr. Yn wir, byddai'n deffro ambell fore yn laddar o chwys wrth iddo geisio mynd i'r afael â'r cwestiynau a ffrydiai drwy ei ymennydd.

Os na lwyddodd i wneud cyfraniad gwreiddiol ym maes gweinyddiaeth ddamcaniaethol, beth am ei waith fel gweinyddwr ymarferol? Does bosib nad oedd yn haeddu tipyn bach o ganmoliaeth am hynny?

Cofiodd yn sydyn am ei wraig. Roedd Carol yn arfer ei ganmol, weithiau, gyda'r geiriau 'Da iawn ti, Gronw,' â nodyn bach o syndod yn ei llais. Er enghraifft, dyna'r tro yr aethon nhw ar wyliau i'r lle glan môr hwnnw yng ngorllewin Cymru. Roedden nhw wedi ystyried prynu tocynnau trên i Baris, ond ymhen hir a hwyr, wedi trafod nes tyllu tafod, fe benderfynon nhw fynd yn y car i'r lle glan môr. Fe gawson nhw dridiau perffaith yn mwynhau'r golygfeydd ac awelon y môr. Ac ar ddiwedd y tridiau, wrth iddyn nhw gamu dros riniog llechen y gwesty, edrychodd Carol i fyw ei lygaid a dweud, 'Diolch iti am drefnu gwyliau mor wych.' Doedd dim mymryn o goegni yn ei llais wrth iddi ddweud y geiriau, ac roedd ei llygaid yn llynnoedd didwyll.

Erbyn hyn, wrth gwrs, roedd Carol wedi ei adael, ac ni fyddai cyfle arall iddo fo a hithau fwynhau tridiau gyda'i gilydd yn Aberdyfi nac unrhyw le arall.

Tybed pam y daeth y cyfan i ben mor sydyn? Roedd o wedi gwneud ei orau i'w phlesio, gan weithio'n gydwybodol ym mhob swydd a ddaeth i'w ran i ennill ei fara menyn a chadw'r blaidd o'r drws. Am fod Carol wedi ei adael, ni synnai nad oedd y plant chwaith, erbyn hyn, yn dangos llawer o awydd i godi'r ffôn.

Os oedd o wedi'u siomi nhw, beth am y bobl eraill roedd o wedi'u siomi yn ystod troeon yr yrfa? Ar y cam hwn yn ei sesiwn o hunanholi, teimlai Gronw ragor o ddafnau oer o chwys yn diferu i lawr ei dalcen. Gwyddai fod wynebau'i gyhuddwyr yn dechrau crynhoi eto, a bod pob cyhuddwr yn disgwyl yn yr esgyll, yn barod i gamu ar y llwyfan. Caeodd ei lygaid, ond ni allai eu hel nhw allan o'i feddwl. Agorodd un llygad. A dyma nhw, y giwed gyfarwydd, yn eu safleoedd arferol o gwmpas ei wely.

'Lloyd,' sibrydodd Gronw yn grug, 'ai ti sydd yna?'

Dim ateb.

'Lloyd, wyt ti am ddeud rhwbath?'

Dim gair.

'Oes gen ti asgwrn i'w grafu o hyd, Lloyd?'

'Oes,' meddai llais sarrug, 'ac asgwrn go fawr ydi o hefyd.'

Crynodd gwefusau Gronw. 'Yr un asgwrn ag o'r blaen, Lloyd? Ond be wnes i o'i le?'

'Mi wyddost yn iawn, y snichyn bach ...'

'Na wn i, ar 'y ngwir. Dwêd wrtha i, Lloyd.'

Bellach doedd wyneb Lloyd ddim i'w weld. Yn awr gwelai Gronw wyneb arall yn llygadrythu arno o waelod y gwely.

'Tom, ai ti sy 'na?'

Dim ateb.

'Tom, ti sy 'na?'

'Ia, Gronw, fi sy 'ma.'

'Be sy gen ti i'w ddeud wrtha i, Tom? A finna ... fel y gweli di fi.'

'Fawr ddim i'w ddeud wrthat ti, Gronw. Dim ond deud mai neidar w'ti ...'

'Ond mi wnes i 'ngora, Tom. Cofia'r hen air, "Heb ei fai, heb ei eni, A choed ei grud heb eu plannu"...'

'Cadw dy rigyma. Ti oedd y gocrotsian yn yr ŷd a fedri di ddim gwadu.'

'Bobol y ddaear 'ma! Sut gelli di ddeud hynna, Tom?'

'Paid â gwadu. Mi wyddost yn iawn. Fi oedd yr un ddylai fod wedi cael y dyrchafiad 'na. Pam ddaru'r drws ddim agor? Oherwydd mai ti oedd yn llywio'r panel cyfweld, dyna pam. A be oeddat ti'n 'i wybod, mwy nag oeddat ti'n 'i wybod am goed derw? Mater hawdd fyddai iti fod wedi rhoi tic yn y blwch a'm gwahodd i'ch plith ...'

'Dyna ddigon, Tom. Paid â rhygnu 'mlaen, da ti.'

'Mi rygna' i 'mlaen faint fyd fynna' i, y cena bach. Waeth iti heb â thrio cydio mewn brwyn.'

'Wyt ti am ddal ati i edliw, Tom, ar ôl imi ... ar ôl imi ... ?'

'Ydw'n tad. Y gwir ydi'r gwir a fedrith neb 'i ddadwneud o.'

Wrth i wyneb Tom gilio o'r golwg, mae Gronw'n gweld dau wyneb arall yn pwyso yn erbyn yr erchwyn yn ysu i gael dweud eu dweud. Ond does ganddo ddim calon i ddechrau dal pen rheswm gyda nhw. Pa ddiben sôn wrthyn nhw na neb arall am droeon chwithig ei yrfa? Y bwlio cynnar. Clwyfau'r ymadael. Ac fe gaeodd Erin y drws arno fo yr holl flynyddoedd hynny yn ôl, a byth ers hynny ei bleser chwerw yntau oedd cau drysau gobaith pobl eraill.

Troi ar ei ochr. Bydd yr ofalwraig yn galw cyn bo hir. Â'i gefn at y ffenest bellach, mae'n clywed trydar di-hid y fwyalchen wrth i'w atgofion ddychwelyd at lecyn gwyrdd y diriogaeth goll.

Ffoi

Curai'r glaw ar dalcen Edward wrth iddo godi coler ei gôt a phrysuro'i gamau i gyfeiriad yr Hen Goleg. Teimlai'r gwynt yn gwthio denim ei jîns yn erbyn ei goesau, a chlywai'r dail a'r papurach yn siffrwd ar y palmant ar hyd ymyl wal allanol y coleg. Gwthiodd y drws trwm yn agored a chlywai'r dŵr yn diferu oddi ar waelod ei gôt wrth iddo sefyll yn neuadd oer yr academyddion.

Yng nghoridor y muriau cerrig gallai glywed y gwynt o gyfeiriad y môr yn pwyo yn erbyn y ffenestri uchel gan beri i'r fframiau ysgwyd a rhuglo.

Dringodd y grisiau cerrig at ddrws y Llyfrgell Athroniaeth, ac anadlodd ei ryddhad wrth sylwi bod y llyfrgell yn awr yn wag. Dyna fantais fwyaf y llyfrgell hon: anaml y gwelid neb ynddi.

Eisteddodd Edward yn ei gadair arferol wrth y bwrdd pren hir ym mhen pellaf yr ystafell ddarllen ger set o lyfrau John Stuart Mill. Gosododd ei fag dogfennau ar y llawr ac agor y caead lledr. Agorodd hefyd y llyfr y bu'n ei ddarllen ar ei ymweliad diwethaf â'r fangre hon.

Wrth iddo droi'r dalennau, gan groesi ei goesau a phwyso'n ôl yn ei gadair, llithrodd ei feddyliau i synfyfyrio am y ddarlith ddiweddaraf a draddodod Dr Maureen Kerry. Roedd yr ystafell ddarlithio'n llawn o fyfyrwyr, eu llyfrau nodiadau o'u blaen, eu llygaid yn llawn chwilfrydedd neu drymder bore wedi'r ddawns. Safodd Dr Kerry o'u blaenau ac edrych arnynt.

'Heddiw,' meddai mewn llais soniarus, 'byddwn yn rhoi sylw i syniadau Leo Tolstoy am gelfyddyd.' Oedodd fymryn. 'Am yr hyn yw celfyddyd. I ddechrau, byddaf yn sôn, yn fras, am ei brif syniadau. Yn ail, byddaf yn olrhain y cyswllt rhwng y syniadau hynny a'r hyn yr oedd Tolstoy'n ceisio'i gyflawni yn ei brif weithiau creadigol. Yna, cyn gorffen, byddaf yn amlinellu ymateb gwahanol feddylwyr ...' oedodd eto, ' ... i'w syniadau.'

Ei hwyneb yn welw a'i gwddf yn hir wrth iddi droi at y bwrdd du, daliai'r sialc fel petai'n sigarét rhwng ei bys a'i bawd wrth iddi nodi pennawd cyntaf ei darlith o dan ymyl uchaf y bwrdd du.

'Cefndir Tolstoy' oedd y pennawd. Trodd Dr Kerry i edrych eto ar ei chynulleidfa. 'Roedd yn gyfoethog,' meddai, 'o dras aristocrataidd, ac yn gartrefol yn y cylchoedd bonheddig. Ac wrth gwrs roedd yn enw cyfarwydd i lenorion Rwsia ers ei ddisgrifiadau o'r hyn a welodd yn Sevastopol yn ystod Rhyfel y Crimea.'

Erbyn hyn roedd rhai o'r myfyrwyr lleiaf effro'n dechrau anesmwytho wrth iddyn nhw edrych ymlaen at eu cwpanaid o goffi yn y Caban. Nid felly'r fintai effro, yn fechgyn a genethod, oedd yn dechrau cael eu denu unwaith eto gan gyfaredd y ddarlithwraig. Fe sylwon nhw ar oslef ei llais a thro ei gwddf wrth iddi oedi fymryn cyn cyrraedd diwedd brawddeg. Fe sylwon nhw hefyd ar amlinell ei chorff wrth iddi droi at y bwrdd du. Yna, fel pe baen nhw'n ei gweld am y tro cyntaf, fe sylwon nhw ar broffil ei hwyneb wrth iddi wynebu'r ffenest a'r môr. 'Tybed beth a welai yno?' meddyliodd Edward.

'Mae hi'n anhapus,' meddyliodd wedyn. 'Er ei bod hi mewn swydd ddiddorol sy'n talu'n dda ac yn rhoi digon o gyfle iddi ddarllen a sgrifennu, mae ei hwyneb hi'n ddarlun o dristwch.'

'Roedd Tolstoy,' meddai'r ddarlithwraig, 'yn feirniadol o allu'r wladwriaeth i fynd i ryfel a mynnu bod dynion ifanc yn colli'u bywydau ar sail penderfyniadau gwleidyddol simsan a byrbwyll.'

Roedd y bachgen a eisteddai o flaen Edward wedi rhoi ei bìn sgrifennu yn llabed ei siaced ledr. Dalen wag oedd o'i flaen a chanolbwyntiai'n llwyr ar ffrog laes Dr Kerry oedd yn glynu'n agos at amlinell ei bronnau a'i chluniau. Wrth iddi symud y sialc ar y bwrdd du, ceisiai Edward ddyfalu sut un oedd hi yn ei chartref.

Ymhen tri chwarter awr daeth y ddarlith i ben. Rhoddodd Dr Kerry ddalen werdd, oedd yn cynnwys rhestr ddarllen, yn fwndel taclus ar ddesg fawr ger y drws, yna – gan droi ei phen a gwenu'n ddefodol – cerddodd allan o'r ddarlithfa. Cododd y myfyrwyr o'u seddau a dechrau ymlwybro yn un rheng allan o'r ystafell. Ond aros yn ei sedd wnaeth Edward. Yn synfyfyrio. Er i'r ddarlith ddod i ben, ni allai beidio â meddwl am Dr Kerry.

Yn allanol roedd ganddi fanteision amlwg: meddwl clir a chorff fel cerflun mewn breuddwyd yn un o ganeuon Leonard Cohen. Ond yr hyn a gofiai Edward yn anad dim oedd ei llygaid cyflym a'r pyllau o dristwch ynddynt wrth iddi syllu allan drwy ffenest uchel yr Hen Goleg tua'r gorwel, syllu i'r fath raddau nes iddi, am eiliad neu ddwy, golli ei lle yn ei nodiadau nes bod ei llais yn baglu a hithau'n gorfod ymddiheuro cyn iddi ailafael yn rhediad ei meddwl.

Yn y llyfrgell athroniaeth sylweddolodd Edward yn sydyn fod cryn amser wedi mynd heibio heb iddo ddarllen gair o'r truth ar bwnc rhyddid o'i flaen. Digwyddai hynny o bryd i'w gilydd yn y llyfrgell hon. Dim ond iddo ddechrau meddwl am bwnc oedd o wir ddiddordeb iddo, byddai ei feddwl yn dechrau hedfan yn anrhagweladwy fel hediad ystlum. Y tro hwn, gan fod ei feddwl wedi hedfan yn ôl i'r ddarlithfa lle'r oedd Dr Kerry wedi traethu am syniadau Tolstoy, gallai ddychmygu'i hun yn eistedd yn yr union gadair, ar yr union awr, fel petai'r cyfan yn digwydd y foment honno, yn y presennol.

Wrthi'n pendroni oedd Edward pan glywodd ddrws yn agor ym mhen pellaf y llyfrgell. Cerddodd ffurf dal mewn clogyn llaes at y ddesg agosaf, ac yna at un o'r ffenestri uchel a edrychai dros y stryd islaw.

Teimlai Edward fod 'na rywbeth yn gyfarwydd yng ngherddediad y ffurf, ac wrth i'r clogyn gael ei dynnu mewn un symudiad a'i daenu dros gefn cadair, sylweddolodd mai Maureen Kerry oedd yno. Safai'n llonydd heb roi unrhyw arwydd ei bod wedi gweld Edward yn eistedd ym mhen pellaf yr ystafell. Sylwai ef ei bod hi'n sefyll yn agos at y ffenest, ei chefn at lyfrau Plato a'i edmygwyr, a'i phen yn gogwyddo fymryn fel petai hi'n craffu i weld rhywun a adwaenai yn nhywyllwch y stryd islaw, rhywun a safai yno, efallai, ar y palmant gwlyb gan edrych i fyny tuag ati hi.

Astudiodd Edward y darlun o'i flaen: y wraig luniaidd, athronyddol hon rhyngddo ef a'r ffenest, ei hwyneb gwelw yn syllu tua'r gwyll, a bysedd y nos yn sgrifennu ar y gwydr tywyll hieroglyffau'r glaw. Pwy neu beth oedd hi'n disgwyl ei weld? A pham nad oedd hi, erbyn hyn, wedi synhwyro bod rhywun arall heblaw hi yn cadw cwmni i gerrig coffa cewri dysg? Ac Edward yn anweledig iddi, roedd Dr Kerry yn edrych allan i'r nos fel petai'r cyfan a oedd yn y llyfrgell, yr holl gyfrolau unigol yn eu cloriau lledr a'u siacedi llwch amrywiol, yn amherthnasol iddi hi.

Ymhen hir a hwyr, symudodd y ddarlithwraig at y gadair, codi ei chlogyn a'i wisgo a cherdded allan o'r llyfrgell. Cododd Edward i fynd ar ei hôl, a phan agorodd y drws i'w dilyn daeth arogl ei phersawr i'w ffroenau. Curai ei galon yn gyflym. Efallai y gallai sgwrsio â hi.

Wrth i Dr Kerry gyrraedd pen Heol y Brenin, gwelodd Edward ei chlogyn yn chwipio o'i chwmpas wrth i'r gwynt o'r môr orchfygu ymgais seithug y Coleg Diwinyddol i'w chysgodi. Chwythwyd ei chwfl yn ôl, ac yna roedd ei gwallt yn chwifio i bob cyfeiriad, yn rhydd a di-drefn, gan orchuddio'i hwyneb.

Cyflymodd Edward ei gamau wrth iddi gerdded allan o'i olwg. Pan gyrhaeddodd Rodfa'r Môr edrychodd i gyfeiriad y pier ond doedd dim golwg ohoni yno. Dim golwg ohoni ar ochr arall y stryd. Yn sydyn, dacw hi wrth y Bandstand, yn sefyll a'i dwylo'n pwyso ar y rheilen rhyngddi hi a'r traeth islaw. Wrth iddo agosáu at y Bandstand, anwybyddodd Edward y mân bapurach oedd fel lleisiau dail yn sibrwd eu protest wrth i'r gwynt eu hymlid i'r corneli. Ger ymyl agoriad y Bandstand, clepiai darn o bren yn y gwynt, a meddyliodd Edward am gynulleidfa'r haf yn clapio'i chymeradwyaeth i lafur diddanwyr y prom.

Cododd Dr Kerry ei hwyneb yn sydyn a thybiodd Edward iddo weld rhywbeth tebyg i ofn yn ei llygaid.

'Be sy'n bod?' gofynnodd, gan symud fymryn yn nes ati. Edrych heibio i'w ysgwydd chwith wnaeth hi, fel petai hi'n edrych i lygaid rhywun arall a safai y tu ôl iddo.

'Wna i mo'ch brifo chi,' meddai Edward, gan synnu wrth glywed ei lais ei hun yn cystadlu â'r gwynt.

'Na,' meddai Dr Kerry, 'nid fi.'

Y tro hwn roedd Edward yn sicr nad ofn oedd yn ei llygaid, ond arswyd. Roedd hi'n edrych i fyw ei lygaid ond ni chafodd gyfle i yngan gair. Roedd Dr Kerry wedi dechrau cerdded, yna rhedeg, allan o'r Bandstand. Rhuthrodd Edward ar ei hôl ond roedd hi eisoes yn gwibio nerth ei thraed tuag at y grisiau concrid agosaf. Symudai fel clwt o flaen grym y gwynt a theimlai Edward wrth iddo'i dilyn fod ei gamau ef yn cynyddu ei hofnau, yn dwysáu ei phoen.

'Na!' gwaeddodd Dr Kerry, a'i llais yn troi'n hanner sgrech.

Cyrhaeddodd Edward y rheilen haearn a nodai'r ffin rhwng y promenâd a'r môr a gwelodd Dr Kerry yn rhedeg ar draws cerrig mân y traeth hyd at linell y llanw a'r casgliad o wymon, broc môr a sbwriel. Fe'i gwelodd yn sefyll yno, yn camu 'mlaen a chamu'n ôl, a throi ei phen yn araf ac edrych i fyny at furiau a ffenestri uchel yr Hen Goleg a safai mor llonydd ag erioed, fel set ffilm arswyd, yn nannedd y gwynt uwch ymchwydd y môr.

'Na,' gwaeddodd eto, gan godi ei dwylo mewn ystum o wrthodiad llwyr.

Teimlodd Edward oerfel ar ei wegil wrth iddo sylweddoli beth oedd ar fin digwydd.

'Stopiwch!' gwaeddodd wrth i Dr Kerry droi ei phen a rhedeg at ymyl y dŵr.

Rhedodd Edward i lawr y grisiau concrid a bu ond y dim iddo faglu wrth i'w draed daro cerrig mân y traeth, ei goesau'n drwm fel petai ar ddiwedd ras hir. Wrth iddo agosáu at lan y dŵr, a sŵn y tonnau'n rhuo yn ei glustiau, gwelai fod Dr Kerry yn cerdded i mewn i'r môr, y tonnau'n cyrraedd hyd at ei bronnau.

'Stopiwch!' gwaeddodd Edward eto, a'i lais yn ddim o gymharu â dwndwr y tonnau.

Erbyn hyn roedd y dŵr wedi codi hyd at ên Dr Kerry ac roedd ei gwallt du yn dechrau ymledu ar ei wyneb. Ag un symudiad cyflym, datododd Edward gareiau ei esgidiau a'u cicio oddi ar ei draed. Rhedodd i mewn i'r dŵr a theimlo croeso dicra'r don gyntaf yn gelpan letraws ar ei foch a'i dalcen wrth iddo daro'i freichiau drwy'r ewyn i gyfeiriad y gwallt ar wyneb y dŵr. Gwyddai fod yr eiliadau tyngedfennol yn llifo, a cheisiodd gofio'r hyfforddiant a gafodd yn y pwll nofio pan oedd yn y chweched dosbarth. Gwahanol iawn oedd ymchwydd pwerus y tonnau o'i gwmpas i wyneb llyfn y pwll nofio. Er hynny, pan deimlodd fysedd Dr Kerry yn cau yn dynn am ei arddwrn, daeth y cyfan yn un rhuthr yn ôl i'w gof a'i gyhyrau. Rhwygodd ei arddwrn yn rhydd o'i gafael a gwthio ei hun yn rhydd oddi wrthi. Yna nofiodd yn ôl tuag ati gan ofalu nad oedd yn cael ei ddal eto yn ei chydiad gwyllt. Anadlu'n ddwfn. Cydio ynddi â'i fraich chwith a chicio'i chorff tuag at wyneb y dŵr. Gafael ynddi fel gefel. Dim modd iddi ei ddefnyddio ef fel bwi nawr. Y cam nesaf – nofio tua'r lan a'i thynnu hi, yn ei gesail, gydag ef. Yn fuan wedyn, teimlodd y creigiau o dan ei draed.

Yn y Gadeirlan

Mae'r Stryd Fawr yn wlyb a digalon. O gyfeiriad y mynydd, daw'r glaw smwc â'i gyffyrddiad oer. Does dim car ar gyfyl y lle. Does neb yn cerdded chwaith. Neb ond Anna. Mae'n codi cwfl ei chôt law wrth iddi groesi'r ffordd gan ofalu peidio â chamu i mewn i bwll o ddŵr glaw rhwng ymyl y palmant a tharmac y ffordd.

Sefyll o flaen giât y Gadeirlan. Sylwi bod y drws yn agored. Penderfynu mynd i mewn i gysgodi rhag y glaw. Wrth iddi agosáu at y drws daw nodau dwfn yr organ i'w chlyw. Cerdded drwy'r porth ac eistedd yn y sedd bellaf o'r tu blaen. Ar ôl eistedd mae'n teimlo'n fwy rhydd i edrych a sylwi. Nifer o wŷr a gwragedd yn eu dillad defodol yn symud ac yn cyfarch ei gilydd heb eiriau. Ambell symudiad pen. Ambell amnaid. Ambell gysgod o wên fel dawnswyr mewn dawns werin ar lwyfan.

Mae Anna'n teimlo mor ddiarth â phetai newydd gyrraedd o wlad bell. Anadla'n ddwfn cyn codi ei phen i syllu ar y nenfwd. Er iddi fod mewn gwasanaethau mewn capeli fwy nag unwaith yn ystod ei bywyd, ni fu erioed mewn cyfarfod fel hwn. Oes rhywrai'n syllu arni? Dod yma i gysgodi rhag y glaw a wnaeth. A dyma hi rŵan yn eistedd gyda'r gynulleidfa fach yn yr adeilad mawr, yn gwylio'r seremoni o'i blaen.

Gwasanaeth cymun, dyna ydi o, meddai llais bach ym meddwl Anna. Be wna i? Cerdded allan? Os cerdda i allan, bydd pawb yn sylwi. Aros a gwrthod cymryd rhan? Byddai hynny'n amlwg hefyd ac yn sarhad. Yr unig ddewis arall yw aros ac ymuno. Ac mae hynny hefyd yn peri mymryn o ofn a phryder.

Mae un o'r dynion sy'n gwisgo gwisg laes liwgar yn y tu blaen yn darllen geiriau sy fel pe baent yn rhan o'r ddefod. Mae'n gwahodd y gynulleidfa i gymryd rhan. 'Hwn yw fy nghorff a dorrir drosoch.' Geiriau cyfarwydd a diarth. Yna mae'n bryd i'r credinwyr gymryd y bara a'r gwin. Sylweddola Anna yn sydyn nad yw aros yn ei sedd yn ddewis. Rhaid codi, camu 'mlaen ac ymrwymo i dderbyn y cymun yn gyhoeddus, heb guddio, a hynny yng nghanol dieithrwch ac ofnadwyaeth yr hen furiau.

Cerdded yr ale rhwng y seddi pren ac i blith yr arweinwyr eglwysig. Teimlo'n flêr a hunanymwybodol yn ei chôt law a'i jîns. Cardotyn ymhlith tywysogion. Un o'r ffoaduriaid.

Sylwi bod saith o bobl a gyrhaeddodd o'i blaen yn plygu glin ar fainc. Mae'n dilyn eu hesiampl ac yn derbyn y bara a'r gwin. Teimlo'n druenus ac ar goll. Cofio'i phechodau. Gwybod nad oes ganddi ddim i'w gynnig ond y nhw. 'Gwnewch hyn er coffa amdanaf.' Clywodd y geiriau ar wahanol adegau drwy'i bywyd. Ond rŵan, fan hyn, maen nhw'n eiriau newydd. A'u sŵn yn crafu i mewn i'w hymwybod fel maen yn treiglo.

Ar ddiwedd y cwbl, cyn i neb gael cyfle i'w holi, mae hi'n cerdded allan i'r glaw.

Cyfle

Cyflymodd Eirwen ei chamau, ei sodlau uchel yn creu rhythm anwastad i gyd-fynd â'i brys. Dylai fod yn sefyll o flaen y desgiau yn ei hystafell erbyn hyn, meddyliodd, ei chefn at y bwrdd du yn ceisio'i gorau glas i ennyn diddordeb y dosbarth.

'Eirwen.' Safodd yn stond yng nghanol y coridor pan glywodd lais y Pennaeth.

'Ia?' atebodd Eirwen, a'i gwynt yn ei dwrn.

'Dwi'n gweld eich bod chi ar frys. Ddowch chi i 'ngweld i ar ddiwedd y wers, os gwelwch yn dda?'

Drwy gydol y wers honno, ni allai Eirwen ganolbwyntio ar ei gwaith. Er iddi baratoi'n drylwyr, ni allai ymgolli yng ngeiriau'r gerdd. A gwyddai, heb graffu ar eu hwynebau, nad oedd aelodau'r dosbarth yn cael llawer o fudd o'i sylwadau. Pa ryfedd hynny, meddyliodd, a'r haul yn tywynnu'n llachar drwy'r ffenestri. Dim rhyfedd mai wynebau swrth a godai'r myfyrwyr i ddarllen ei nodiadau ar y bwrdd du. Nid cerdd Henry Vaughan oedd yn hawlio'u myfyrdodau, syniodd yr athrawes, ond breuddwydion pell am draethau poeth a'r tonnau'n neidio'n rymus ar y gorwel.

Ni allai Eirwen eu beio. Roedd ei meddyliau hithau ar grwydr – nid at draethau llyfn ond at ystafell y Pennaeth a'i wahoddiad, neu'n hytrach ei orchymyn. Ceisiodd holi ei hun gerbron mainc ei chydwybod:

'Wnest ti barcio dy gar yn rhy agos at ddrws y gegin y bore 'ma?'

'Naddo.'

'Wnest ti fethu marcio gwaith cartref Richard yn ddigon

manwl nes procio ei fam i ddod i'r ysgol i gwyno eto?' Gwyddai Eirwen, fel y gwyddai'r athrawon eraill i gyd, am gastiau tan-din y wraig fonheddig honno oedd yn un o Lywodraethwyr yr ysgol.

'Naddo. Doedd ganddi ddim rheswm i fod yn bigog. Fe rois i hanner awr, o leiaf, i farcio traethawd Richard a rhoi sylwadau.'

'Be ar wyneb y ddaear wyt ti wedi'i neud 'ta? Neu be wyt ti wedi'i esgeuluso? Ydi'r cofnodion diweddara amdanat ti yn y gronfa ddata ganolog yn gywir?'

'Wn i ddim.'

Â'r geiriau hyn yn corddi yn ei meddwl, canodd y gloch.

Wedi rhai eiliadau o graffu'n feirniadol ar ei gwallt a'i hwyneb yn nrych ystafell ymolchi'r merched, rhwbiodd ei gwefusau â hances bapur i sicrhau bod y minlliw yn llai amlwg, yna cerddodd yn bwyllog ar hyd y coridor hir heibio i'r gegin at ystafell y Pennaeth. Safodd o flaen y drws. Yn sydyn, rhuthrodd ei meddwl yn ôl i'r dyddiau hynny, chwarter canrif yn ôl, pan safai – neu ai rhywun arall oedd honno? – o flaen drws tebyg, drws prifathro ei hen ysgol yn y Dyffryn, yn disgwyl caniatâd i fynd i mewn i gael ei gerydd am iddi gael ei dal yn ysmygu gyda dwy arall y tu ôl i sied y beiciau. Gwthiodd yr atgofion i gefn ei meddwl. Nid plentyn oedd hi heddiw ond benyw gyfrifol ar drothwy ei deugain oed ac ar frig ei gyrfa, Pennaeth yr Adran Saesneg yn Ysgol y Morfa. Pam y dylai hi deimlo'i chalon yn cyflymu cyn siarad â'i Phennaeth?

'Dowch i mewn.'

Eisteddai'r Prifathro y tu ôl i'w ddesg lydan, a phan gerddodd Eirwen i mewn i'r ystafell a chau'r drws ar ei hôl, cododd o'i sedd.

'Gymrwch chi un o'r rhain?'

Safai, yn ffigwr tal a thadol uwch ei phen, ac yn ei law roedd pecyn o *Fisherman's Friend*. Ceisiodd Eirwen wenu wrth iddi dderbyn un o'r melysion.

'Diolch.'

Cofiodd gyngor athro ifanc yn ystafell yr athrawon. 'Os bydd o'n cynnig da-da iti, cofia bod hynny'n arwydd drwg.'

'Pam?'

Ni chafodd Eirwen ateb. Hwyrach mai rhannu jôc oedd bwriad yr athro, ond nid oedd dim yn ddigri yn y profiad hwn. Yn gyson â'i natur gydwybodol, roedd Eirwen yn disgwyl y gwaethaf. Llyncodd ei phoer gan geisio cuddio'i theimlad cynyddol o banig.

'Eisteddwch,' meddai'r Pennaeth, ei wallt gwyn yn troelli dros ei arleisiau a chywair ei lais yn newid yn gyflym fel gwerthwr ceir, wedi sicrhau gwerthiant, yn dechrau tywys y prynwr drwy'r ffurflenni a'r glo mân.

'Ydach chi wedi darllen y *Telegraph* y bore 'ma?'

'Nac ydw. Y *Guardian* fydda i'n ei ddarllen.'

'Darllen y ddau, ynghyd â'r *Independent*, fydda i. A sylwi wnes i y bore 'ma fod yn y *Telegraph* stori am ddatblygiad addysgol o bwys sy'n digwydd ym Mirmingham.'

'Datblygiad o bwys?' holodd Eirwen yn beiriannol. Sylwodd drwy gil ei llygad fod yr haul yn powlio drwy ffenest ystafell y Pennaeth. Y tu allan cerddai Stuart a Valerie, dau o fyfyrwyr y Chweched Dosbarth. Dacw nhw, meddyliodd Eirwen, yn ôl eu harfer, yn mynd dow-dow allan drwy giât yr ysgol, heb fath o gyfrifoldeb, yn gwbl ddiofal ond mor llon â'r gog.

Siaradai'r Pennaeth yn bwyllog fel petai'n aelod seneddol yn traddodi ei araith gyntaf gerbron Tŷ'r Cyffredin. 'Oherwydd toriadau'r Llywodraeth yn Llundain, mae Cyngor Dinas Birmingham, fel pawb arall, wedi gorfod cwtogi'r gyllideb addysg.'

Nodiodd Eirwen ei phen gan geisio rhoi'r argraff ei bod yn dilyn pob gair ac yn dirnad cyfeiriad y sgwrs.

'Felly,' meddai'r Pennaeth, 'mae arnom angen canfod ffyrdd o gyflawni pethau tebyg yma, ym maes Bywyd a Gwaith.'

'Tebyg?'

'Tebyg i'n cyd-weithwyr dros Glawdd Offa. Y man cychwyn, wrth gwrs, fydd paratoi adroddiad.'

'Wrth gwrs.'

'Mi wn eich bod chi'n brofiadol yn y maes, a chithau wedi cyhoeddi eich traethawd MA ar y Beirdd Metaffisegol.' Byd ddoe yw byd llên, meddyliodd Eirwen.

'Coffa da am yr amser a dreuliais i yn Ysgol Addysg Prifysgol Manceinion slawer dydd yn astudio ar gyfer fy nhraethawd PhD,' ychwanegodd y Pennaeth. 'Diawch, roedd pob munud yn cyfri. Gallwn weld, wrth gwrs, nad oedd pob ymchwilydd mor gydwybodol â mi, ond doedd arna *i* ddim ofn gwaith. Ac wedi'r boddhad a gefais i bryd hynny, mi faswn wrth fy modd yn mynd i'r afael â'r gwaith ymchwil presennol. Ond waeth imi heb â dechra.'

'Pam hynny?' mentrodd Eirwen. Gwenodd y Pennaeth yn dadol.

'Gofynnwch i'r ddesg 'ma,' meddai gan chwerthin. 'Fel y gwelwch chi, ma' hi'n gwegian dan waith papur.' Druan bach, meddyliodd Eirwen. Oni allai hithau wegian hefyd?

'Felly, os cytunwch, byddwch yn gweithio ar yr adroddiad yn ystod y cyfnodau pan na fyddwch yn addysgu, ac yna'n cyflwyno'r adroddiad cyfansawdd i mi. Does dim tâl ychwanegol ar y bwrdd, mae arna i ofn, ond dwi'n eich sicrhau na fyddwch chi ddim ar eich colled. Bydd y ffaith eich bod chi wedi cyflawni'r project arloesol hwn yn dystiolaeth nodedig ar eich *CV*.'

'Erbyn pryd fyddwch chi angen yr adroddiad?' holodd Eirwen.

'Erbyn y pumed o Fedi.'

Y noson honno darllenodd Eirwen y casgliad swmpus o ddalennau A4 a roesai'r Pennaeth yn ei llaw – gwybodaeth a rannai fanylion am gynlluniau addysgol rhai o'r ysgolion blaenllaw yn Lloegr oedd wedi wynebu'r her a ddaeth yn sgil polisïau cwtogi'r Llywodraeth. Ar sail y gwaith ymchwil diweddaraf roedden nhw'n llwyddo, yn ôl pob golwg, i baratoi eu disgyblion ar gyfer Bywyd a Gwaith – y daith i gyd.

Pan wawriodd ar Eirwen yn ystafell y Pennaeth mai gofyn iddi baratoi adroddiad oedd byrdwn ei sgwrs, daethai ton o ryddhad drosti. Teimlodd yr un rhyddhad sawl gwaith mewn awyren wedi tensiwn yr esgyniad, a'r gweinyddesau'n ymddangos gan wthio'u trolïau i gynnig lluniaeth ysgafn. Roedd her o'i blaen, mae'n wir ond, yn ôl y ddihareb, deuparth gwaith ei ddechrau. Pan oedd ar ei gorau – yn llawn egni a brwdfrydedd – gallai dderbyn her a symud yr Wyddfa. Yna cofiodd yn sydyn rywbeth a ddywedodd ei mam wrthi pan oedd hi'n dechrau yn ei swydd gyntaf. Am rai blynyddoedd cyn i'w mam briodi roedd hi, coffa da amdani, wedi gweithio yn athrawes yn un o ysgolion mawr Llundain. Ac ar sail y cyfnod hwnnw, fe soniai weithiau am ei phrofiadau ym myd addysg. 'Bydd gwaith athrawon weithia,' meddai, 'at eu ceseilia. Paid â gadael i'r byd addysg lenwi dy holl orwelion di. Mae 'na fwy i fywyd na gwaith, cofia.' Haws dweud na gwneud, meddyliodd Eirwen.

Drannoeth, sef bore Sadwrn, roedd yr awyr yn glir a digwmwl. Arian oedd newydd ei ryddhau o'r Bathdy Brenhinol yn Llantrisant. Cyfeiriodd Eirwen drwyn ei char i gyfeiriad y dref a'r llyfrgell. Wrth iddi chwilio drwy gatalog y llyfrgell gyda chymorth Google, nododd bopeth a allai fod yn berthnasol i'r dasg o'i blaen. Er nad dadansoddydd oedd hi wrth ei galwedigaeth, roedd ganddi ddeunaw mlynedd o brofiad addysgol. Ac os gallai rhai o gefndir tebyg iddi hi ym Mirmingham osod trefn ar eu hamcanion addysgol, siawns na allai hithau bori yn yr un maes a chyflwyno adroddiad tan gamp.

'Ardderchog,' meddai'r Pennaeth pan welodd bennod gyntaf adroddiad Eirwen. 'Ry'ch chi ar y trywydd iawn. Daliwch ati. A chofiwch, mae'n rhaid i'r adroddiad terfynol fod yn barod erbyn y pumed o Fedi fan bella.'

Gwerthfawrogai Eirwen ei ganmoliaeth, ond sylweddolai fod ganddi gruglwyth o waith i'w gyflawni cyn y dyddiad cau, a doedd wiw iddi laesu dwylo.

Felly, bob nos ar ôl cyrraedd adref o'r ysgol, âi ar ei hunion at ei chyfrifiadur yn y stydi fach. Caniatâi chwarter awr o egwyl iddi ei hun i gael te yng nghwmni Ianto, ei gŵr, a'r plant, Glyn a Meinir. Yna byddai'n cael llonydd llwyr i drin yr ystadegau tan yr oriau mân. Gofalai gadw ffeiliau wrth gefn o bopeth a deipiai. Yna, ar ôl golygu'r ffeil yn ofalus, gwnâi gopïau papur, a chadw'r copïau i gyd yn y ffolder priodol. Weithiau byddai'n rhaid iddi bicio i Staples neu Tesco i brynu rhagor o inc ar gyfer yr argraffydd HP.

Sylweddolai, heb i neb ddweud wrthi, ei bod yn llosgi'r gannwyll yn y ddau ben. Gwyddai hefyd nad oedd ganddi ddewis os oedd i ddod â'r gwaith i fwcl. Uchafbwynt pob wythnos oedd dydd Sadwrn. Dyna'r diwrnod y câi hi anghofio'i gwaith a mwynhau cwmni Ianto a'r plant – mynd am dro i Landudno, efallai, neu Gaer. Yna, ar y Sul, roedd yn rhaid iddi gadw'i thrwyn ar y maen a gorffen ei gwaith marcio a chlirio'r byrddau ar gyfer prif waith yr wythnos, sef gorffen rhoi trefn ar yr adroddiad.

'Llongyfarchiadau,' meddai'r Pennaeth ar ddiwedd yr ail gyfarfod monitro. 'Diawch, dwi'n gweld eich bod chi wedi gweithio'n ddiarbed. A dwi'n gwbwl ffyddiog y byddwch chi'n llwyddo i'w orffen mewn da bryd i mi allu ei gyflwyno i'r Llywodraethwyr.'

Wrth iddo siarad, edrychai'r Pennaeth i fyw ei llygaid gan gau ei fys a'i fawd am asgwrn ei ên. Roedd wedi sylwi bod lliw ei hwyneb yn fwy gwelw nag arfer, ac roedd aelod arall o'r staff, Tom Evans, a wyddai bopeth am bawb, wedi dweud wrtho fod Eirwen yn disgwyl canlyniadau sgan.

'Peidiwch â dal ati'n rhy hwyr heno,' meddai, gan roi ei law yn dadol ar ysgwydd Eirwen. 'Ymlaciwch.'

Gwyddai Eirwen fod cyngor y Pennaeth yn ddoeth, ond roedd yr adroddiad, bellach, yn feistr arni. Yr adroddiad, yn wir, oedd ei chwmni cyson – yn yr ysgol a'r cartref ac yn y car ar y ffordd i'r ysgol. Ciliodd fwyfwy i fyd yr ystadegau, anwyldeb chwerw yr ystadegau, a phylai ei diddordeb yn hynt a helynt ei chyd-athrawon a'r disgyblion. Doedd geiriau ei meddyg, hyd yn oed, yn golygu fawr ddim iddi bellach.

Bu wrthi'n ddygn drwy wyliau'r haf, a phan ddaeth yr wythnos olaf ym mis Awst, yr wythnos cyn cyflwyno'r adroddiad, eisteddodd Eirwen o flaen sgrin ei gliniadur fel y gwnaeth ganwaith o'r blaen. Gyda rhyddhad mawr, teipiodd ei chasgliadau caredig terfynol. Cyn hir, meddyliodd, câi'r pleser pur o gyflwyno'r gwaith gorffenedig i'w Phennaeth. Câi weld y diolchgarwch yn ei lygaid lliw llechen a byddai cudyn o'i wallt yn cyffwrdd ag ymyl un o'i aeliau. Byddai'n gosod ei law ar ei hysgwydd a byddai'n diolch iddi yn ei lais dwfn a hynaws. Byddai'r Pennaeth yn bodio drwy ddalennau'r adroddiad a byddai popeth yn glir a glân ac mor grwn a therfynol â blodau mewn torch.

Y Cerdyn Post

Gan mai Nain Glannau fu asgwrn cefn y teulu ers blynyddoedd lawer, pan ffarweliodd yn sydyn un nos Fawrth ym mis Awst, heb i neb gael cyfle i fynd draw i'w gweld yn ei byngalo yn Nyffryn Clwyd cyn iddi fynd ar ei thaith olaf, yn naturiol roedd pawb yn disgwyl y byddai mintai go sylweddol yn ei hangladd. Hynny a fu. Roedd yr ymgymerwyr, Hardacres, wedi ei derbyn ar y noson gyntaf, ac ar ôl i'r gair fynd ar led gwnaeth sawl aelod o'r teulu drefniadau i fod yn bresennol ar un o'r achlysuron prin oedd yn gyfle iddyn nhw ddod ynghyd. Wedi'r claddu, a phawb yn ymlacio uwch paned o de a brechdanau ham yn y byngalo, prif destun y sgwrsio, fel y gellid disgwyl, oedd Nain.

'On'd oedd hi'n daclus 'i phetha,' meddai Olwen, gwraig dal ganol oed, un o bedwar plentyn Nain Glannau.

'Ac yn mynnu cadw pob dim yn 'i le,' meddai Sara, chwaer Olwen oedd ddwy flynedd yn iau na hi. 'Ac eithrio'i sbectol,' ychwanegodd. 'Roedd hi byth a hefyd yn colli honno.' Chwarddodd pawb wrth iddyn nhw wasgu at ei gilydd, yn falch eu bod yng nghegin orau Nain Glannau erbyn hyn ac nid ar lan ei bedd.

Roedd lluniau'r plant a'r wyrion a'r wyresau yn amlwg ar bob pared, yn arbennig lluniau o Mari, merch Olwen, sef yr hoff wyres. Ar silffoedd crwn o dan fwrdd coffi derw yng nghanol yr ystafell gorweddai nifer o lyfrau Cymraeg a chylchgronau, ac yn bargodi dros rimyn y bwrdd roedd copïau diweddar o'r *Cymro*, y *Goleuad* a'r *Daily Post*.

Yn eu dillad tywyll, siaradai rhai o'r galarwyr, wrth iddyn nhw fwynhau'r bara brith, am ardd daclus yr ymadawedig.

Soniai eraill am ei gweithdrefn gyson a'i byw gofalus. Garmon, ei hunig fab a oedd erbyn hyn yn Gadeirydd y Cyngor Sir, a drawodd yr hoelen ar ei phen drwy ddweud bod ei fam 'yn gadarn fel y graig ac yn ffeind tu hwnt'. Wnaeth neb grybwyll y ffaith fod Nain Glannau, pan oedd raid, yn barod i ddweud ei meddwl yn blwmp ac yn blaen a diflewyn-ar-dafod. Wrth i bawb gytuno â datganiad Garmon, aeth un o'r plant ieuengaf at y silff-ben-tân a gweiddi'n uchel, 'Ylwch, cerdyn post!'

Llun golygfa wledig oedd ar y cerdyn. Coed wedi'u gwisgo yn eu lifrai gwyrddaf, llethrau gwyllt a dirgel a rhaeadr wen yn y pellter. Saethai'r dŵr allan o'r graig fel cwmwl o lwch. Cymerodd Garmon y cerdyn post o law'r bachgen a darllen ei neges â llais digon uchel i bawb glywed.

'Annwyl Nain, Dyma ni yn y Dordogne. Ar ôl taith hir ddoe, rydym yn y garafán heddiw ac yn edrych ymlaen at dywydd braf yfory. Bydd yn grêt eich gweld pan ddown adref. Llawer o gariad, Mari a Siôn a'r plant.'

Wrth i'r cerdyn gael ei basio o law i law, meddai Garmon, 'Peth rhyfedd na fasan nhw wedi dŵad i'r angladd. Roedd Nain yn golygu cymaint iddyn nhw.'

'Does dim bai arnyn nhw,' meddai Olwen. 'Mi benderfynon ni beidio dweud wrthyn nhw am farwolaeth Mam. Doeddan ni ddim isio difetha'u gwylia nhw.'

* * *

Drachtiodd Mari ei choffi ac anadlu'n ddwfn. Gan afael yn dynn yn y cwpan, cerddodd at ffenest y garafán. Erbyn hyn roedd storm nos Fawrth wedi cilio ond roedd y pyllau dŵr ar wyneb maes y carafannau'n ddigon o brawf fod peth wmbredd o law wedi disgyn yn ystod y nos.

Wel dyna noson a hanner, meddyliodd. Un munud roedd hi'n cysgu'n sownd yng nghesail Siôn, a'r munud nesaf roedd hi'n gwbl effro, ei llygaid yn llydan agored. Mellt yn tanio'r ffenestri. Taranau'n drybowndio fel petai gwallgofddyn yn taro'i draed yn galed ar do eu carafán.

Nid y storm oedd yr unig beth wnaeth ei dychryn hi. Eiliadau ar ôl iddi ddeffro, roedd ei meddwl yn mynnu crwydro'n ôl i'w chynefin ym Mae Colwyn. 'Twt lol,' meddai wrthi ei hun, 'does bosib dy fod am chwarae rhan y Gymraes oddi cartref yn teimlo hiraeth ystrydebol.' Ond wnaeth cerydd mewnol mo'i waith y tro hwn. Er iddi droi ar ei hochr a gafael yn dynn yng nghorff cysurus ei gŵr, dod yn ôl a wnâi'r meddyliau trallodus o hyd. Cododd o'r gwely a symud i lolfa'r garafán.

Sylweddolodd yn sydyn nad ymdeimlad o bellter yn unig a ddaethai drosti. Wedi'r cannoedd o filltiroedd o deithio yn y car, roedd hynny'n ddisgwyliedig. Na, nid ymdeimlad o bellter daearyddol yn unig oedd yn cnoi yn ei hisymwybod, ond rhyw adlais anodd ei ddiffinio. Meddyliodd am ei theulu yn ôl yng Nghymru, am ei mam a'i thad, ei brodyr a'i chwiorydd. Ac yn sydyn a chlir meddyliodd am Nain Glannau. Cofiodd ei llygaid llym a charedig, ei geiriau gonest a'i greddf, fel cwmpawd, bob amser i ddweud y gwir – hyd yn oed wrth Mari, ei hwyres hynaf. Doedd dim ffug fursendod ar gyfyl Nain Glannau. Dim byd cysetlyd, sentimental na ffals, yn union fel y byddai rhywun yn ei ddisgwyl gan un a fu'n ifanc yn ystod y Rhyfel Byd Cyntaf.

Cofiai Mari y tro hwnnw pan ddaeth Nain Glannau i aros gyda'r teulu ym Mae Colwyn ryw haf. Roedd Olwen yn brysur yn glanhau'r llofftydd. Gorweddai Mari ar wely haul yn yr ardd gefn, yn edrych ar y lluniau yn un o gylchgronau ei mam. Eistedd oedd Nain Glannau hithau – mewn cadair wellt fawr a brynwyd ar ei chyfer yn siop Astons.

Sbeciodd Mari dros ymyl y cylchgrawn a sylwodd fod ei nain yn syllu i ganol gwrych oedd wrth ei hymyl. Syllu a syllu heb symud modfedd. Ac yn sydyn, hopiodd aderyn allan o gysgod y gwrych, ei ben ar osgo a'i lygaid bach du, oedd â chylchoedd melyn o'u hamgylch, yn edrych i fyw llygaid Nain Glannau. Yna dechreuodd honno sibrwd. Os geiriau roedd hi'n eu dweud, ni allai Mari eu clywed yn glir. Sŵn dieithr a ddeuai allan o'i gwefusau fel iaith estron. Cododd yr aderyn ei ben. Ac wrth i'r parablu od barhau, closiodd at y gadair wellt. Yn sydyn fe neidiodd, hanner hedfan, a sefyll ar fraich bren y gadair. Dal i sibrwd yn dawel oedd Nain. Dal i wrando'n astud oedd yr aderyn. Ac felly y parhaodd pethau am funud neu ddau. Cofiai Mari'r digwyddiad yn glir.

Roedd ganddi atgof arall am ei nain, a hwnnw oedd ei phrif atgof amdani. Un o'r atgofion hynny a wnâi i Mari wrido oedd hwn – gwrido o gywilydd. Doedd hi ddim yn dewis sôn am yr atgof hwn wrth neb, nid hyd yn oed wrth Nain Glannau.

Saith oed oedd Mari pan gafodd fynd am dro, am y tro cyntaf, gyda'i nain i Lerpwl, dinas y bu Nain Glannau'n byw a gweithio ynddi pan oedd hi'n ifanc. 'Paid â chrwydro, cofia,' meddai wrth ei hwyres. 'Mae'n gythgam o hawdd i rywun bach fel ti fynd ar goll yn y strydoedd 'ma.' Ond doedd Mari ddim yn enwog am wrando. Gan anwybyddu rhybudd ei nain, crwydrodd yn freuddwydiol i ganol llif o bobl. Ac yn sydyn fe sylweddolodd nad oedd ei nain wrth ei hymyl. Coesau ac wynebau dieithr oedd yn ei hamgylchynu. Doedd 'run wyneb cyfarwydd yn unman. Dim golwg o Nain. Eisteddodd Mari'n glewt ar y palmant ger drws Littlewoods a dechrau crio. Nid crio bach ond crio o'i hochr hi, crio fel petai llen wedi disgyn rhyngddi hi a phopeth hapus a braf. Wrth i'r dagrau lifo a gwlychu strapiau ei ffrog oren, meddyliodd am ei thad a'i mam a'i theulu yn ôl yng Nghymru, a dechreuodd ofni na châi eu gweld nhw byth eto. Rai munudau'n ôl roedd hi'n hapus yng nghwmni Nain Glannau. Rŵan, a hithau'n fwndel bach oren ar y palmant ger drws Littlewoods, roedd popeth wedi dod i ben. Plygodd i lawr, gan guddio'i phen rhwng ei breichiau.

'Nain,' wylodd. 'Ble wyt ti, Nain?'

'That little one must be German,' meddai rhywun wrth gerdded heibio.

Am sbel go lew, daliodd ati i grio. Doedd hi erioed wedi teimlo mor unig.

Yn sydyn, teimlodd rywbeth yn cyffwrdd ei hysgwydd. Llaw! Edrychodd i fyny. A gweld wyneb Nain Glannau.

'Mari!'

Heb yngan mwy na'i henw, plygodd Nain Glannau a'i chofleidio. A theimlodd Mari don fawr o ryddhad yn 'sgubo drwyddi. Rywsut neu'i gilydd roedd Nain Glannau wedi synhwyro beth oedd wedi digwydd ac wedi rhuthro allan o'r siop i'r stryd a rhedeg nerth ei thraed nes iddi ddod o hyd i'w hwyres fach.

'Diolch, Nain,' meddai Mari mewn llais bach gwylaidd. 'Sori am beidio gwrando.'

Dro arall, pan oedd Mari'n wyth oed ac yn cael aros am ddeuddydd gyda'i nain yn y byngalo, dechreuodd grio o hiraeth am ei rhieni.

'Wel, wir,' meddai Nain Glannau, 'welais i rioed ffasiwn beth. Geneth o'th oed di yn crio fel babi. Mae dagra'n iawn weithia, ond paid byth ag ymollwng i grio fel tasa'r byd ar ben. Mae'n rhaid i ni i gyd wynebu bywyd yn ddewr, 'sti. Hwda'r hances 'ma.'

A hynny a wnaeth Mari drwy ei bywyd. Pan deimlai'r dagrau'n dechrau cronni, cofiai eiriau ei nain. Yn anaml iawn y deuai deigryn i'w llygad erbyn hyn, ac i Nain Glannau roedd y diolch am hynny.

Yn sicr, roedd y nain a'r wyres yn deall ei gilydd i'r dim. Pan oedd Mari ar ben ei digon ar ôl pasio'r arholiad piano, roedd ei nain, ar ochr arall y ffôn, yn chwarae rôl Julie Andrews ar ben y bryniau. Ac os byddai Mari'n drist neu'n ofidus, gwyddai Nain Glannau beth i'w wneud a'i ddweud. Ymhen fawr o dro byddai

Mari'n gwenu o glust i glust er bod ei gwefus isaf yn dal i grynu.

Ond pam roedd hi'n teimlo mor rhyfedd yn y garafán ym mhellafoedd gwyrdd y Dordogne, a'i meddwl yn mynnu crwydro at ei nain? Edrychodd Mari arni ei hun yn y drych. Astudiodd siâp ei gên, lliw ei gwallt a'i llygaid brown chwim. Wyneb tebyg i wyneb Nain Glannau. Dim rhyfedd i'w rhieni ddweud wrthi sawl tro, 'Bydd darn o Nain Glannau bob amser yn fyw ynot ti, Mari.' Roedd gan y ddwy chwerthiniad tebyg, a'r ddawn i ddweud y gwir plaen, doed a ddelo.

Yn sydyn, dechreuodd feichio crio. Crio a chrio nes i'r igian dawelu o'r diwedd fel sŵn y taranau'n cilio. Syllodd drwy ffenest y garafán. Roedd hi'n falch ei bod wedi postio'r cerdyn iddi yn syth ar ôl cyrraedd y Dordogne. Byddai Nain Glannau wrth ei bodd yn ei dderbyn. A dyna wych, ar ôl iddyn nhw ddychwelyd i Gymru, fyddai picio draw i'w gweld yn ei chartref yn Nyffryn Clwyd a rhoi'r hanes yn llawn iddi am eu gwyliau yn Ffrainc, y storm ar y nos Fawrth a'r wylo na allai Mari ei esbonio.

Ethel

Wrth imi groesi'r lobi i symud tuag at y drws ffrynt, galwodd Elysteg ar fy ôl.

'Cofia ddŵad adra mewn pryd.'

'Erbyn pryd?'

'Dau o'r gloch fan bella.'

'Mewn pryd i be?'

'I gyfarfod Ethel, wrth gwrs.'

'Pwy?'

'Y fenyw gwerthu tai 'na. Mae hi wedi addo dod yma.'

'O ia, wrth gwrs. Hi sy'n dod draw i roi cyngor inni, yntê?'

'Ac mae angen cyngor arnon ni cyn inni fynd ati i wario crocbris ar estyniad.'

Ar ôl imi godi allweddi'r tŷ a'r car o'u lle arferol ar silff y ffenest liw yn y lobi, anelais am y drws ffrynt a cherdded yn bwyllog yn fy esgidiau lledr brôg newydd at y buarth o flaen y garej ddwbl lle bydda i bob amser yn parcio'r Lexus. Lexus LS lliw arian ydi o. Mi gostiodd y byd imi ond mi ges i bris da am yr hen gar, chwarae teg. Wrth agor drws y gyrrwr, roeddwn yn falch o weld, drwy'r gwrych, fy nghymydog, Alex, yn dod allan o'i dŷ. Cyfle da imi ddangos y seddi lledr gwyn iddo.

'Bore da, Alex.'

'Bore da. Ydych chi wedi'ch plesio â'r Lexus newydd, Morus?'

'Wedi 'mhlesio'n fawr, Alex. Y car gora ges i erioed.'

'Gwell na'r Mercedes Coupé, hyd yn oed?'

'Ia. Ac mae o'n reidio fel pluen. Yr hongiad yn llai caled i rywun o f'oed i.'

Cefais foddhad o weld llygaid Alex yn edmygu manylion y car. Tybiais imi weld cysgod o wên ar ei wyneb hefyd. Ers imi brynu'r car dri mis yn ôl yn Hadfield Road, teimlwn yn rhydd i'm llongyfarch fy hun fod car o'r fath safon yn creu gosodiad mor ddiamwys yn ei lecyn priodol o flaen drysau awtomatig y garej ddwbl.

Wrth anelu trwyn y Lexus dros bont Llandaf, heibio i'r clwb rhwyfo ac i mewn i lif traffig araf Heol Llantrisant, meddyliais am y sgwrs a gefais gydag Elysteg y noson cynt.

'Pam estyn y tŷ?' mentrais holi Elysteg.

'Wel, mae pawb arall wrthi. Hobi pobol y brifddinas ydi un ai siarad am fwyd neu sôn am ryw loches, rhyw hafan gobaith, yn y gorllewin. Un ai hynny neu siarad am estyn eu tŷ yn y ddinas. Y *siarad* ydi'r peth, Morus. Dyna sut gallwn ni ffeindio os ydi petha'n ein siwtio ni neu beidio.'

'Nid siarad er mwyn siarad, felly, Elysteg?'

'Ddim o gwbwl. Mae 'na bwrpas i'n siarad ni.'

'Dwi'n sicr fod yna bwrpas yn rhywle, cariad,' ildiais, gan weld y dolur yn ei llygaid. Hoffwn i ddim meddwl fy mod i'n achosi poen meddwl i Elysteg, o bawb.

Wrth imi barcio'r Lexus ym maes parcio Churchills a throedio heibio i'r goeden ger y brif fynedfa, roeddwn yn edrych ymlaen at ymfoethuso yn awyrgylch yr hen westy annwyl hwn sydd fel ail gartre imi. Mae pensaernïaeth yr adeilad ei hun, i ddechrau – holl nodweddion plasty trefol urddasol – yn fy mhlesio'n fawr. Mae'r ffenestri mawreddog a ffasâd gwyngalchog blaen yr adeilad yn bictiwr o groeso. A sôn am staff annwyl a chyfeillgar!

'Bore da, Rees,' meddwn wrth y barmon newydd sy'n dysgu Cymraeg.

'Bore da, Mr Jones,' meddai yntau. 'Yr arferol?'

'Ia, Rees, yr arferol.'

Symudais at fy hoff gadair Brenhines Anne ger y ffenest.

Er na chefais fy ngeni â llwy aur yn fy ngheg, mae'n deg dweud imi weithio'n ddiarbed o galed drwy'r blynyddoedd. Do, yn sicr, mae fy llinynnau wedi syrthio mewn lleoedd hyfryd. Ac un o'r lleoedd hynny ydi Churchills. Gan ei fod fel ail gartre imi erbyn hyn, does dim rhaid imi actio na cheisio creu argraff ar neb. Beth bynnag ydw i mewn lleoedd eraill, yma dwi'n mynnu bod yn fi fy hun. A dwi'n gallu sgwrsio efo ffrindiau neu efo'r staff neu ddarllen y *Telegraph* neu'r *Times* neu'r *Financial Times* a gwylio'r newyddion ar y teledu. Beth bynnag fydd ar droed gen i, mi fyddaf yn ei wneud yn ymlaciol braf, fel y bydd unrhyw greadur yn ei amgylchedd naturiol.

Byddai rhai hen ffrindiau, efallai, oherwydd eu bod yn fy nghysylltu â'm hen fodolaeth, yn synnu fy ngweld i yma. Ond tydan ni i gyd yn ymadael â ni'n hunain dros y blynyddoedd? Pwy all ddweud ei fod o neu hi heddiw yr un un yn hollol â fo neu hi ddoe neu ddeugain mlynedd yn ôl?

A beth bynnag a ddywed pobl, be ydi'r ots? Os bydd rhywun neu rywbeth yn tarfu arna i, byddaf yn gwrthod gadael i'r peth hwnnw dreiddio i mewn i gaer fewnol fy hunaniaeth. Er enghraifft, un tro wrth imi godi'r *Financial Times* oddi ar y bwrdd crwn amser coffi, digwyddais sylwi bod gwerth fy nghyfranddaliadau yn GlaxoSmithKline UK wedi gostwng cryn dipyn yn y mynegeion pwysicaf. Rŵan, mi wn i am rai fasa'n dychryn yn lân wrth weld y ffasiwn beth ac yn mynd fel cath â'i chynffon ar dân at ryw gynghorydd ariannol neu'i gilydd i ddweud eu cwyn. Ond nid un felly ydw i. Pan ddaw newydd drwg, os bydda i yn Churchills, byddaf yn anadlu'n ddwfn, yn cyfri i ddeg, ac yn ymlacio. Hwyrach mai dyna ydi cyfrinach fy mywyd, y rheswm pam y galla i fyw'n ddibryder yn y foment. Rhaid imi brysuro i ddweud mai i Elysteg y mae llawer o'r diolch.

Eistedd yn fy nghornel arferol yn y lolfa oeddwn i pan ddaeth wyneb cyfarwydd drwy brif ddrws y gwesty. 'Gethin, s'mai ers tro?'

'Clywed dy fod di'n dal i gynnal y sefydliad,' meddai yn ei ddull sy'n ymylu ar y gor-gyfarwydd. Nid yn y dull jocôs yna y dylai gyfarch rhywun fel fi sy wedi bod yn Ynad Heddwch ac yn Gadeirydd tair cymdeithas Brydeinig o bwys. Ar ôl inni sgwrsio am bum munud am gyflwr yr economi, gofynnodd a hoffwn i gael gêm o wyddbwyll. Agorais fy llygaid yn wyllt. 'Mi fasat ti'n mwynhau,' meddai, fel tasan ni'n ôl yn y coleg ac yntau'n ceisio fy mherswadio i ymuno â'r clwb gwyddbwyll ar ddechrau wythnos y glas.

'Syniad rhagorol, Gethin,' meddwn i'n frwdfrydig. Yna, gyda nodyn o siom yn fy llais, 'Gwaetha'r modd, dwi wedi addo bod adre erbyn dau o'r gloch i weld rhywun.'

'O, pwy felly?'

'Neb fasat ti'n ei nabod.' Edrychais ar fy Rolex yn ofalus. 'Ydi,' ychwanegais, 'mae'n bryd imi ei throi hi.'

Felly, codais law frysiog i ffarwelio â Gethin. Peth anodd yw gwarchod eich gofod yn yr hen fyd yma.

Wrth imi agosáu at Adwy'r Mynydd, gan ddotio o'r newydd at fy nhŷ pum llofft ar y stryd orau yn Llanisien, gwelwn gar dieithr ar y dreif, Toyota Verso digon mawr i gludo dwsin o bobl i gopa'r Wyddfa.

Daeth Elysteg i'm cyfarfod wrth y drws. 'Ma' hi yma,' meddai mewn llais mymryn yn bryderus.

Wrth imi gerdded i mewn i'r lolfa, gwelais fenyw dal yn codi'n urddasol o'r gadair Chippendale a etifeddais ar ôl fy modryb Lisa.

'Prynhawn da, Mr Jones,' meddai'n araf a gofalus. 'Mae hi'n hyfryd cael eich cyfarfod. Ethel ydw i. Dwi'n dysgu Cymraeg.'

'Da iawn,' atebais, gan ysgwyd ei llaw. 'Eisteddwch, da chi. Mae'n siŵr fod Elysteg wedi cynnig paned ichi.'

'Pum munud,' meddai Elysteg yn nrws y lolfa.

'Diolch ichi am gytuno i ddod draw.'

'Dim problem. Mae'n bleser.'

'Bydd Elysteg a minna'n falch o gael eich barn broffesiynol.'

'Mae'n bleser gen i geisio helpu. Bydd yn help i mi os caf weld y tŷ.'

'Wrth gwrs. Wedi clywed fod canmol i'ch cwmni chi.'

'Mae'r farchnad yn gwella nawr.'

Sylwais, heb ddweud dim, fod un o'i hesgidiau sodlau uchel yn cyffwrdd cefn un o goesau'r gadair Chippendale.

'Paned.' Cerddodd Elysteg i mewn i'r lolfa gan ddal hambwrdd blodeuog o siop Laura Ashley, Rhodfa Tŷ Glas. Gosododd y tebot, y cwpanau a'r bisgedi yn daclus o'n blaen. Edrychodd Ethel arnom ein dau.

'Ydych chi'n ystyried gwerthu?' holodd. 'Mae'n dŷ hyfryd.'

Nid gwaith hawdd bob tro yw i wraig fel hon fynd i mewn i dai pobol ddiarth i amcangyfrif pris eu cartref, tybiais.

'Diolch,' meddai Elysteg. 'Na, na, 'dyn ni ddim am werthu ar hyn o bryd. Ond pwy a ŵyr, hwyrach mai symud a wnawn ni yn y man.' Tybiais imi weld awgrym o siom yn wyneb Ethel wrth iddi edrych i lawr ar y carped.

'Ar hyn o bryd,' esboniais, ''dyn ni'n ystyried codi estyniad. Fel y dwedais dros y ffôn, 'dyn ni'n awyddus i gael eich barn chi ynglŷn â hynny – a gwerth y tŷ.'

'Pam estyniad?'

'I gael mwy o le, debyg iawn, mwy o ofod.'

'Pam hynny?'

Roedd rhaid imi ymdrechu i reoli fy natur ddiamynedd wrth esbonio peth mor amlwg i rywun a ddylai fod yn gyfarwydd eisoes â'r holl ystyriaethau.

'Dodrefn. Llyfrau. Y petha 'dan ni wedi'u hel dros y blynyddoedd. Mae angen digon o le ar 'u cyfar nhw i gyd. A beth bynnag, ma' pawb arall wrthi.'

'Mae gynnoch chi dipyn go lew o ... o ofod.'

'Oes, oes. Mwy na'r tŷ canolig ei faint, wrth gwrs. Ond

esgyrn Dafydd, dydi maint tai newydd ddim yn ateb y diben chwaith, fasech chi ddim yn dweud?'

'Ma'n nhw'n gallu bod yn rhy gyfyng. Tua 76 metr sgwâr. Ond wedyn ...'

'Cyn ichi ddweud bod y tŷ yma'n rhy fawr i'n diben ni, cofiwch fod gen i glybiau golff. A ble alla i gadw fy set o lyfrau rheilffyrdd? Mewn bocsys yn yr atig?' Teimlais y gwrid yn dechrau codi i'm bochau. Un o'm cas bethau ydi esbonio ffeithiau amlwg.

'Gallai estyniad fod yn gymorth i werthu tŷ,' meddai Ethel. 'Ond mae tai fel hyn yn gwerthu'n dda ta beth. O safbwynt *gwerthu*, does dim rhaid ichi godi estyniad.'

Eisoes gallwn ddychmygu'r lluniau o Adwy'r Mynydd yn ffenest y siopau gwerthu tai ac ar wefan *Rightmove*. Y tu allan Sioraidd, y lawntiau hir a'r tai allan gwyn, y gegin anferth, y stafelloedd ymolchi chwaethus.

Ar ôl inni orffen yfed ein paneidiau a bwyta bisgeden neu ddwy – tair yn achos Ethel – safais ar fy nhraed yn bwyllog a dweud, 'Mae'n bryd i mi ddangos y tŷ i chi.'

'Diolch.'

Un o'm pleserau mawr ydi dangos fy nghartref, ac mae Elysteg yn fy nabod yn ddigon da i adael i mi wneud y gwaith yn fy ffordd fy hun gan ddefnyddio fy nghasgliad stoc o ymadroddion.

'Mi ddechreuwn ni yn y stafell hon,' cyhoeddais. 'Fel y gwelwch chi, 'dyn ni wedi dewis y rhan fwya o'r nodweddion cyfoes o siop John Lewis. Mae eu staff nhw mor glên a gwybodus ac mor barod eu cyngor.'

'Ydyn, yn sicr.' Nodiodd Ethel ei chytundeb yn frwdfrydig.

Er fy mod yn mwynhau dangos y tŷ, dwi'n gorfod cyfaddef, wrthyf fi fy hun os nad wrth Elysteg hefyd, ei fod yn brofiad od. Dechrau'n hamddenol, heb agenda amlwg, ond yn fuan iawn, os nad y'ch chi'n ofalus, mae peryg mynd i chwarae rôl y gwerthwr, a mynd dros ben llestri i geisio gwerthu eich nyth chi'ch hun, eich unig gongl bersonol yn yr hen fyd 'ma.

Pan ddaeth yn bryd imi ddangos y llofftydd, dilynais Ethel i fyny'r grisiau. Cwch bach yn dilyn llong fawr. Ar ben y grisiau, methodd y cwch bach gadw digon o fwlch rhyngddo fo a'r llong fawr. Cyffyrddais wasg Ethel â'm llaw chwith, yn rhannol i gadw fy nghydbwysedd rhag syrthio i lawr y grisiau, ac yn rhannol i'w llywio hi i gyfeiriad y stydi er mwyn dangos fy silffoedd newydd. A dyna pryd y cefais y teimlad rhyfedd fod yna rywbeth nid cwbl anghyfarwydd ym mhresenoldeb Ethel. Tybed a oedd ein llwybrau wedi croesi o'r blaen? Yn syth ar ôl i'r cwestiwn ddod i 'mhen fe'i heliais o allan mor gyflym â chigydd yn hel ci allan o'i siop.

'Ydych chi am ddangos y tu allan?' meddai wrth gyrraedd gwaelod y grisiau.

'Wrth gwrs,' atebais gyda chwerthiniad bach nerfus. 'Mae'n rhaid ichi weld y tu allan cyn medru rhoi eich barn.'

Erbyn hyn roedd Elysteg wedi ailymuno yn y sioe. Safodd Elysteg a minnau wrth y drws cefn yn gwylio Ethel yn mesur, gyda'i llygaid, y patio a'r ardd gefn. Yna, ar ôl rhai munudau o ddistawrwydd, rhoddodd ei dedfryd.

'Mae digon o le i godi estyniad fan hyn. A byddai estyniad o safon yn ychwanegu at werth y tŷ.'

'Diolch,' meddwn. Roedd ei dull hyderus a chwrtais o siarad, fel petai'n crynhoi ei hachos mewn llys barn, wedi gwneud argraff arnaf. Ac am ryw reswm doeddwn i ddim am iddi adael Adwy'r Mynydd y munud hwnnw. 'Hoffech chi gael diod oer cyn gadael?' gofynnais.

'Byddai diod oer yn hyfryd,' atebodd.

Symudais yn fân ac yn fuan tuag at yr oergell gan adael Ethel ac Elysteg yn y stafell ganol. Pan ddychwelais gyda'r diodydd, roedd Elysteg wedi dechrau holi Ethel a oedd, yn amlwg, yn gwerthfawrogi'r cyfle i ymarfer ei Chymraeg.

'Yn wreiddiol,' meddai, 'dwi'n dod o'r Fenni. Roedd fy nhad yn cadw siop ddillad yno. Dwi'n hoff iawn o'r Fenni. Y'ch chi wedi bod yno?'

'Do ...' meddwn gan fwriadu rhannu hanesyn am ymweliad diddorol â'r lle. Ond ni chefais gyfle i ymhelaethu.

'Gallwn fod wedi aros yno am byth.'

'Ai yno y cawsoch chi'ch hyfforddi i werthu tai?'

Gwenodd Ethel. 'Nage. Doeddwn i ddim yn gwerthu tai yn wreiddiol.'

'O? Be oedd eich gwaith chi'n wreiddiol?'

'Ro'n i'n gweithio 'da cwmni o gyfreithwyr yng Nghaerdydd.'

'Dwi'n nabod ambell gyfreithiwr,' meddais. 'Fel mae'n digwydd, mi fues i'n sgwrsio efo un yn gynharach heddiw – Gethin. Roedd o'n awyddus i gael gêm o wyddbwyll – *chess*, wyddoch chi – yn Churchills.'

'Dwi'n nabod cyfreithiwr o'r enw Gethin,' meddai Ethel, 'ac ma' fe'n *brilliant* ar whare *chess*.'

'Wel, dyna gyd-ddigwyddiad,' meddwn. 'Ble wnaethoch chi ei gyfarfod o?'

'Yn Aberystwyth – Coleg y Brifysgol. Yn wreiddiol ro'n i am astudio'r gyfraith yn Lloegr. Ond roedd ffrind i 'nhad wedi canmol Aber. "Mae 'na Adran y Gyfraith tan gamp yno," meddai. Ac roedd e'n llygad ei le. Fe ges i amser bythgofiadwy yno.'

'Gymerwch chi fisgeden arall?' gofynnodd Elysteg, fel petai am wobrwyo Ethel am yngan gair mor hir â 'bythgofiadwy'.

'Dim diolch.' Erbyn hyn roedd Ethel yn ei llawn hwyliau.

'Ond toedden nhw'n ddyddiau da,' meddai fel petai am ddechrau canu cân Hergest. 'Roeddwn i'n astudio'r Gyfraith. Doeddwn i ddim yn siarad Cymraeg. Ond roeddwn yn adnabod nifer o'r Cymry iaith gynta.' Roedd ei hwyneb yn wridog a'i breichiau'n chwifio i rythm ei hatgofion.

'Eisteddwch, wir,' meddai Elysteg. Efallai ei bod hi'n poeni am bwysedd gwaed yr ymwelydd. 'Mae'n wirion ein bod ni'n sefyll fel hyn.'

Eisteddodd y tri ohonom ar y cadeiriau derw a brynais yn siop Arthur Llewellyn Jenkins.

'Ie, dyddiau da,' meddai Ethel yn freuddwydiol. 'Er nad oedd e'n lle mawr, roedd 'na gymeriade lliwgar ac effro yno. Roeddwn i'n byw ym Mhen-bryn, wyddoch chi. Golygfa wych dros y dref a'r môr yn y pellter.'

'A digon o le i anadlu.'

'Ie. Ac weithie byddai cymeriade'n dod i'n gweld ni o'r lleoedd eraill. Dwi'n cofio un noswaith yn dda. Roedd criw y Gyfraith wedi dod i barti i Pen-bryn. Ac fel sy'n digwydd mewn partis myfyrwyr dyma ambell *gatecrasher* yn dod i mewn.'

Roedd y gair *gatecrasher* yn canu cloch.

'Wel, llaw ar 'y nghalon, roedd 'na un bachgen ymhlith y *gatecrashers*. Dwi ddim yn cofio'i enw. Roedden nhw'n newid eu henwe mor aml y dyddie hynny. Roedd 'i wallt e'n ddu fel y frân ac yn cyrraedd hyd at ei ysgwydde. Roedd 'da fe fwstásh ac roedd e'n gwenu yn ... yn ddireidus. Roedd e'n edrych dipyn bach fel Che Guevara yn 'i gwpwrdd o stafell yn y neuadd ger y môr.'

Sylwais fod mwy o wrid wedi codi i ruddiau Ethel. A dyna pryd y daeth yr atgof – negesydd chwim o'r gorffennol – yn ôl i mi. Yn sydyn, nid Ethel oedd yn eistedd o'm blaen yng nghegin gefn Adwy'r Mynydd ond Ethelinda, yr enwog Ethelinda oedd yn destun edmygedd i bob bachgen o chwaeth yn y coleg.

'Ie, dyddie da,' meddai Ethel fel petai'n ei phorthi hi ei hun. 'Roedd y Che Guevara hwnnw'n fachgen golygus, wyddoch chi. Radical go iawn hefyd. Protestiwr. Ac roedd e'n gwybod mwy am y llinell biced nag am waith academaidd. Dwi wedi meddwl llawer amdano fe dros y blynyddoedd.'

'Ar ôl f'amser i,' meddwn i.

Erbyn hyn, teimlwn y gwrid yn codi i'm hwyneb innau a'r chwys yn dechrau hel o dan fy ngholer. Penderfynais fynd i nôl rhywbeth arall o'r oergell. Yna, ar ôl dychwelyd i'r sgwrs, ceisiais mewn rhyw ffordd dila dorri ar draws y llif o siarad a ddeuai o enau Ethel.

'Mae ... mae ...'

Am ryw reswm doedd y geiriau ddim yn dod allan o'm ceg yn rhwydd. Sut y gallwn i gyfaddef fod y bachgen arbennig a oedd wedi byw drwy'r blynyddoedd yn ei hatgofion wedi newid dros y blynyddoedd i fod yn rhywbeth braidd yn wahanol?

'Tybed be ddaeth ohono?' gofynnodd Ethel oedd fel petai ar goll erbyn hyn yn ei synfyfyrdod o'r dyddiau da. Taflodd gipolwg tuag ataf. Cofiais innau'r partïon a'r hwyl, y persawr a'r chwerthin cyn i dreigl y blynyddoedd ein dofi a'n parchuso.

'Fe rown y byd am gael gwybod,' ychwanegodd yn freuddwydiol fel petai wedi treulio oriau'n ymlid rhyw löyn byw anodd dod o hyd iddo o'i gorffennol.

Beth allwn i ei ddweud? Oedd raid imi agor ffenest ar fy ngorffennol coll, y gorffennol ifanc a diofid cyn i'r byd a'i bethau, byd y *Telegraph* a'r *Times* a'r *Financial Times* a maint fy ngofod fynd â'm bryd? Sôn am embaras! Byddai suddo drwy'r carped wedi bod yn brofiad brafiach. Ond doedd dim modd cuddio mwy.

Pesychais, ac roedd rhywbeth fel crygni yn codi i'm gwddf.

'Yr hogyn 'na dach chi newydd ei ddisgrifio ...'

Cadwynau

Wrth i Dyfan barcio'r car gyferbyn â phorth yr eglwys, roedd ddarllenydd newyddion radio'r BBC yn rhuthro drwy'r penawdau. Soniai am ddamweiniau ar y ffyrdd, dirywiad yn yr economi a materion tramor. Cyn iddo a'i briod, Ceri, adael y car gofalodd Dyfan fod y drysau a'r ffenestri wedi'u cau.

Daeth aroglau'r gwymon i'w ffroenau a chri pibydd gwyrdd i'w clyw.

'Dwi 'di gweld y llwybr o'r blaen,' meddai Ceri, 'o'r ffordd wrth fynd heibio i'r lle trin gwallt.'

'Mae o'n lle gwerth 'i weld,' meddai Dyfan gan wasgu ei llaw. Sylwodd sut roedd wyneb prydferth ei wraig yn croesawu awyr y môr. 'Wyt ti'n meddwl y gwnawn ni lwyddo i weld ffosil y dinosor?'

'Gobeithio wir.'

Cyflymodd y ddau eu camau wrth iddyn nhw agosáu at y traeth. Ar fore clir fel hwn yn niwedd Gorffennaf, a'r haul yn taflu'i batrymau drwy'r dail a'r blodau poplys yn chwifio'u petalau, roedd popeth yn newydd i'r ddau. Gallent fod mewn gwlad estron.

Roedd pobl eraill yn cerdded yn y pellter. 'Dwi'n falch o weld bod rhywrai heblaw ni yma,' meddai Dyfan. 'Mae 'na ddiogelwch mewn niferoedd.'

'Be wnaeth iti feddwl am hynna?'

'Pennawd yn yr *Echo* echdoe. "Woman stabbed to death in Barry".'

'Nid hwn ydi'r amser i hel pryderon.'

Nodiodd Dyfan ei gytundeb.

Cyrraedd y traeth, anadlu'n ddwfn a llowcio'r olygfa. Nid nyth bach cyfeillgar o draeth oedd o'u blaen ond darn hir o arfordir amrwd ac arno slabiau o greigiau fel darnau o gig wedi'u pwyo gan ordd y môr. Yn agos atyn nhw, ychydig droedfeddi o'r llwybr, roedd rhwymynnau sych y gwymon wedi'u taro ar y creigiau gan freichiau a bysedd sawl llanw. Yn y pellter, yn finfin â'r gorwel, llifai dyfrlliw glas y môr i mewn i wead cynfas yr awyr.

'Ynys Echni ydi honna,' meddai Dyfan, 'y lle mwya deheuol yng Nghymru. Roedd Cadog yn arfer mynd yno.'

'Pwy oedd o?'

'Sant yn y chweched ganrif. Fo oedd y cynta i ymweld â'r ynys, medden nhw.'

'Pam dewis mynd yno?'

'I fwynhau tipyn o heddwch ac i gladdu'i drwyn mewn llyfr, siŵr o fod. Ond un diwrnod mi adawodd 'i lyfr ar yr ynys ac wedyn anfon dau o'i ddisgyblion i'w nôl.'

'Wyt ti'n deud y gwir?'

'Gwalches a Barruc oeddan nhw. Ac wrth iddyn nhw rwyfo'n ôl at y tir mawr fe drodd y cwch.'

'Ac ...?'

'Mi foddon nhw.'

Eisteddodd y ddau yn dawel am rai munudau ar fainc oedd wedi'i gosod yng ngolwg y traeth. O'u blaen anadlai ci mawr Môr Hafren yn dyheu am gael ei fwytho.

Wrth fwyta'u brecwast y cawson nhw'r syniad i ddod yma at lan y dŵr ger pentref Sili. Wedi dyddiau lawer o law trwm, yn annisgwyl ymddangosodd yr ymwelydd poblogaidd hwnnw, yr haul, gan lenwi strydoedd y faestref â'i edmygwyr.

'Cerdded ar y traeth fasa'n braf,' awgrymodd Ceri.

'Mae'r cerrig yn rhy arw fan'na. Gad inni roi cynnig ar y llwybr.'

Wrth iddyn nhw gerdded ar y llwybr a redai'n gyfochrog â'r

traeth, gallent weld y môr swrth drwy'r gwrych ar ochr chwith y llwybr. Drwy'r gwrych ar yr ochr dde caent ambell gip ar erddi cefn y tai a gadwai guddliw eu gwrych rhyngddyn nhw a'r llwybr a'r olygfa o'r traeth a'r môr. Er hardded yr olygfa honno heddiw, meddyliodd Dyfan, gwyddai perchnogion y tai am dymer oriog Môr Hafren oedd yn dueddol weithiau o droi'n sarrug a dangos ei ddannedd.

Yn y man fe ddaethon nhw at fwlch yn y gwrych rhyngddyn nhw a'r traeth, a thrwyddo gwelent greigiau isel yn swatio yn eu crwman ger ymyl y dŵr.

'Digon o betrol iddi!' gwaeddodd rhywun o gyfeiriad y dŵr bas. 'Daliwch yn dynn!' Dyn cyhyrog â chap capten llong am ei ben oedd yno, yn sefyll yn y dŵr hyd at ei fwi o fol. Yn y môr o'i flaen stranciai cwch modur swnllyd.

'Petrol ddwedes i!' Cyfarthodd y dyn ei orchymyn a syllodd y ddau yn y cwch yn ôl arno ag osgo braidd yn ddi-glem. Bachgen a ddaliai'r llyw a geneth a eisteddai wrth ei ymyl. 'Cydia yn y llyw 'na, Siôn. Cofia taw *ti* sy'n llywio'r *cwch*. Paid gadael i'r *cwch* dy lywio *di*.'

Yna dechreuodd yr injan ruo. Cododd cynffon o ddŵr yn uchel i'r awyr a neidiodd y dyn i mewn i'r cwch er mwyn cythru am y llyw a'i dynnu o afael y bachgen. Llamodd y cwch tua'r dŵr dwfn fel petai am brofi y gallai gyrraedd Gwlad yr Haf mewn chwinciad.

Gwenodd Dyfan wrth iddo fo a Ceri wylio drama fach y dŵr bas. Cerddodd y ddau yn eu blaenau nes cyrraedd y bwlch nesaf yn y gwrych. Drwy hwnnw gallent weld darn arall o'r traeth ac arno gorweddai talpiau o dywodfaen yn haenau mawr gwastad.

'Wyddost ti be?' gofynnodd Ceri, 'dwi'n cael amser gwych heddiw.'

'Mwynhau'r olygfa wyt ti?'

'Cael mynd am dro i chwilio am olion dinosor a ballu – dwi wrth 'y modd.'

Trodd Ceri ei phen i groesawu'r awel. 'Dwi'n cofio amser pan nad oeddan ni bron byth yn gallu mynd am dro.'

'Roeddan ni'n rhy gaeth i'n gwaith,' cytunodd Dyfan. Ond dyma ni rŵan, yn cael tipyn bach o ryddid.'

Cyflymodd Ceri ei cherddediad fel petai hi'n awyddus i ddangos i Dyfan nid yn unig ei bod yn rhydd ond bod ei choesau'n gryfach na'i rai ef.

'Sbia,' meddai Dyfan gan glosio at ei wraig. Roedd ffigwr ar gefn beic yn nesáu'n araf tuag atyn nhw. Nid gwibio mynd – byddai hynny'n anodd ar arwyneb garw y creigiau – ond hercio ymlaen yn afrosgo. Wrth iddo agosáu, sylwodd Dyfan mai bachgen yn ei ugeiniau oedd y beiciwr. Erbyn hyn, doedd neb arall i'w weld ar gyfyl y traeth.

'Pwyll pia hi,' meddai Dyfan yn ddistaw yng nghlust Ceri. 'Does wybod ...'

Daeth y beiciwr yn nes. Yn dal a chyhyrog, gwisgai grys â choler agored.

'Hai,' meddai.

'Helô,' atebodd Dyfan.

'Braf.' Siaradai â llais dwfn a didaro gyda mymryn o oslef y Fro. Llifai dafnau o chwys i lawr ei dalcen, ac ar ran uchaf ei fraich chwith roedd llun wyneb benyw. Gwasgai'r beiciwr ei figyrnau'n dynn ar gyrn y beic wrth iddo eu hwynebu, a sylwodd Dyfan fod cyllell mewn gwain ledr yn hongian o'i wregys. Ceisiodd gipedrych o'i gwmpas, yn y gobaith fod rhywrai eraill gerllaw, ond na. Roedd y rhan hon o'r traeth yn wag.

'Mynd am dro ydan ni,' meddai Ceri, mewn cywair hamddenol ond braidd yn fain wrth i'r tri gydgerdded i'r un cyfeiriad.

'*Brill*.' Edrychodd y dyn ifanc arni ac yna gwyrodd ei ben i edrych ar gyrn ei feic. 'Dwi'n joio hefyd,' meddai mewn llais isel.

Roedd ei gywair yn ddigon parchus a chyfeillgar,

meddyliodd Dyfan, fel petai'n sgwrsio gyda'i rieni, a doedd o ddim i weld ar frys i fynd i unman.

'Lle newydd i ni,' meddai Dyfan, 'y traeth yma.'

Cododd y bachgen ei ben. 'Ma' fe'n *amazing*.' Dibwyslais fel chwaraewr rygbi'n cael ei gyfweld ar ôl gêm.

Er ei ganmoliaeth i'r traeth, doedd ei lygaid pŵl a'i ddull swta ac undonog o siarad ddim yn ategu'i frwdfrydedd, meddyliodd Dyfan.

'Beic da,' meddai Dyfan. 'Merida,' meddai gan ddarllen yr enw ar y croesfar. 'Dod o bell?'

'*No way!* Byw draw fynna,' meddai, gan bwyntio i gyfeiriad y Barri. 'Symud ma's fory.' Gwyrodd ei ben eto ac edrych ar gyrn ei feic.

Edrychodd Ceri ar wyneb Dyfan gan symud ei haeliau fel petai'n awgrymu iddo ei bod yn bryd iddyn nhw dewi. Ond er ei amheuon pan welodd y bachgen yn agosáu, roedd Dyfan am brofi i Ceri ac iddo'i hun nad creadur di-asgwrn-cefn yn ofni'i gysgod ei hun oedd o.

'Symud allan? Pam?' holodd Dyfan.

Syllodd y bachgen heb siarad am rai eiliadau fel petai'n ceisio penderfynu beth i'w wneud.

'Ma'r tsiaen hyn yn dod yn rhydd,' meddai toc, ac yn sydyn trodd y beic ar ei ben i lawr a gafael yn y gadwyn.

Plygodd Dyfan a chynnig gafael yn y beic tra oedd y llall yn dirwyn y gadwyn dros ymyl yr olwyn gocos fwyaf. Ond llwyddodd y dyn ifanc i orffen y gwaith heb gymorth. Ymsythodd, plethu bysedd ei ddwy law ac estyn cyhyrau ei freichiau a'i ysgwyddau. Syllodd i fyw llygaid Ceri. Gwyrodd hithau ei phen.

Yr eiliad honno clywsant sŵn injan yn refio. Trodd y tri eu pennau i gyfeiriad y dŵr – roedd y cwch a welodd Dyfan a Ceri'n gynharach yn rhuthro drwy'r tonnau a'r gwymon, yr injan yn sbladdro'n swnllyd. Yna, yn sydyn, trodd y sbladdro'n glec uchel. Gwasgodd Ceri gledrau ei dwy law ar ei chlustiau a rhythodd Dyfan i gyfeiriad y sŵn. Llawer mwy chwyrn oedd ymateb y beiciwr. Lluchiodd ei hun ar y creigiau gan daro'r beic nes bod hwnnw'n disgyn yn glewt ar y ddaear. Yna rowliodd ei gorff ar hyd y cerrig mân a chropian-redeg am rai llathenni fel petai ci cynddeiriog yn ei ymlid. Edrychodd Ceri a Dyfan arno'n syn. Swatiai yn ei gwrcwd, ei gyllell yng nghledr ei law dde, pob cyhyr a nerf yn ei gorff yn dynn.

'Ymlacia,' meddai Dyfan wrth i sŵn y cwch dawelu, 'does dim peryg!'

'*How d'you know?*' Llithrodd y geiriau o enau'r llanc mewn sibrydiad caled a dieithr a chwbl wahanol i'w lais ci-yn-dyhefod. Llifai chwys i lawr ei dalcen nes bod rhaid iddo ei rwbio o'i lygaid, oedd ar dân ac yn sganio'r traeth.

'Popeth yn iawn,' meddai Ceri'n famol, gan symud yn araf tuag ato. 'Dim angen poeni 'sti. Dipyn bach o drafferth efo injan y cwch, 'na'r cwbwl oedd o.'

Gwyrodd y dyn ifanc ei ben a gwasgu ei law dde dros ei lygaid. Anadlai'n araf fel petai'n cyfrif i ddeg dan ei anadl. Yna syllodd ar y gyllell yn ei law fel petai'n ei gweld am y tro cyntaf.

Cerddodd Dyfan yn bwyllog a braidd yn nerfus tuag ato a rhoi ei law ar ei ysgwydd.

'Dim peryg. Bob dim yn iawn.'

'Sori,' meddai'r bachgen, fel dyn yn deffro o gwsg. '*Panic attack*. Ma'n nhw'n digwydd weithie.' Yn sydyn roedd ei wyneb yn welw a lluddedig.

'Dim problem,' meddai Dyfan gan gynnig ei law.

Syllodd y bachgen ar y llaw. Â'i law chwith gafaelodd Dyfan yn ei fraich a'i helpu i godi ar ei draed.

'Diolch. Cian ydw i.'

Llithrodd ei gyllell yn ôl i'r wain, er mawr ryddhad i Ceri. Yna eisteddodd ar graig gyferbyn â'r ddau arall. Pan oedd ei anadl yn fwy rheolaidd, meddai, 'Ma'n siŵr eich bod chi'n meddwl 'mod i'n gachgi nerfus yn ymddwyn fel'ny.'

'Ddim o gwbwl,' meddai Dyfan. 'Ond be sy'n dod â ti i grwydro fan hyn ar dy ben dy hun?'

Dim ateb.

'Be amdani *hi*?' holodd Ceri gan bwyntio at y tatŵ ar ei fraich.

Ar ôl ennyd o ddistawrwydd, meddai Cian, 'Dyw hi ddim yn byw ffor' hyn.'

'Ble ma' hi'n byw?'

'Draw fanna dros y dŵr, ger Bryste. Fi'n 'i gweld hi weithie.'

'Weithia?' meddai Dyfan. 'Pam ddim yn amlach?'

'Dim hawl,' atebodd Cian, ac yn y saib a ddilynodd llithrodd ei fysedd drwy ei wallt.

'Dim hawl! Pwy sy'n deud?' meddai Ceri a'i haeliau'n dechrau gwgu.

'Yr NCO. Cha i ddim mynd yn bellach na fan hyn – y traeth, y pentre.'

'Milwr wyt ti!' meddai Ceri. Roedd ei sylweddoliad wedi'i naddu'n amlwg ar ei thalcen.

Cododd Cian ei ben ac edrych arni. 'Fi'n hedfan ma's ddydd Mawrth.'

'Hedfan i ble?' gofynnodd Dyfan.

'Kabul.' Gwyrodd ei ben wrth i'r ddau sill lithro'n sych o'i wddf.

'Ro'n i'n meddwl ein bod ni wedi gadael y lle.' Sylwodd Dyfan yn falch ar y 'ni' a ddaeth allan o'i enau, a rhoddodd seren iddo'i hun am fod yn gynhwysol mewn modd naturiol fel petai'n perthyn i'r un gatrawd.

Cododd Cian ei ben ac edrych i wyneb Dyfan fel petai'n ceisio penderfynu p'un a oedd y dyn hwn, oedd tua'r un oed â'i dad, yn dwp neu'n glyfar neu'n gyfuniad o'r ddau.

'Dyw pethe ddim yn glir. Ma'r Affgáns yn gallu newid ochor

fel cwpan mewn dŵr. Ma'n nhw efo ti un funud a'r funud nesa'n lladd dy fêts di.' Yn sydyn symudodd ei law dde at ei wregys gan chwilio am gysur carn y gyllell. 'Dwi a fy mêts yn mynd allan i gymryd lle'r lleill.'

'Y lleill?'

'Sy wedi ca'l anafiade.'

'Dwi'n gweld,' meddai Dyfan. 'Ond,' mentrodd ofyn, 'be wnaeth iti ymuno?'

Syllodd Cian ar y tywod, a phan gododd ei ben roedd canhwyllau ei lygaid yn bŵl.

'Y rhesyme arferol. Dim gwaith. Ac un bore ger y ciosg, wrth imi fynd allan drwy ddrws y pwll nofio, mi weles i ddarn o bapur du a llun yr Union Jack arno fe. Mi ddarllenes i'r geirie "Army. Be the Best". Ro'n nhw'n cynnig tâl imi, chi'n gweld, a sgilie newydd.'

'Oedd 'na reswm arall?' Gofynnodd Dyfan y cwestiwn yn reddfol, heb roi cyfle i'w feddwl ymyrryd.

Cododd Cian ei ben. 'Oedd.' Yn sydyn roedd tinc gwahanol yn ei lais.

'Wel?'

'Nhw.' Trodd ei wefusau'n grwn fel petai ar fin poeri. 'Yn rhieni.'

'Dy wthio di oeddan nhw, ia?' gofynnodd Dyfan.

'Nage ddim. Ma'n nhw'n casáu'r syniad.'

'Wel?' meddai Ceri, fel petai'n ei herio.

'Ro'n i am dalu 'nôl.'

'Ca'l cyflog i'w helpu nhw?' cynigiodd Dyfan.

Chwarddodd Cian yn chwerw. 'Talu 'nôl, ddwedes i.'

'Dwyt ti ddim yn dod 'mlaen â nhw?'

'Dod 'mla'n! Sut all neb ddod 'mla'n 'da rhywun sy byth yno, byth ar ga'l?'

'A doeddan nhw ddim ar gael iti? Pam hynny?' gofynnodd Dyfan.

Crwydrodd llygaid Cian at ymyl y dŵr lle roedd aderyn â choesau hir yn troedio'n gysetlyd drwy'r mwd. 'Mynd ar wahân. *Friendly separation.* Dim cwympo ma's. Ond ddaethon nhw byth yn ôl.'

'Ac mi ymunest ti â'r fyddin er mwyn dial arnyn nhw?' Ceisiodd Dyfan reoli ei lais er mwyn iddo swnio'n debycach i gynghorydd doeth nag i newyddiadurwr busneslyd.

'Jest gobeitho'u bod nhw'n hapus nawr.' Roedd y fflamau'n ôl yn llygaid Cian. 'Hawdd i *chi* siarad. Pobol fel chi sy'n gweud wrth bawb arall be 'i neud.'

''Dyn ni wedi byw'n weddol agos at ein lle,' meddai Dyfan yn ei lais mwyaf doeth a chyfrifol.

'Ie, *well done*,' meddai Cian, ei lais yn llawn coegni. ''Dych chi wedi dysgu sut i ga'l *nest egg* i chi eich hunain. Ond be amdanon ni, tlodion fy oed i? Sdim ots 'da chi amdanon ni.'

''Dyn ni ddim yn bobol hunanol,' meddai Ceri wrth gamu i'r drin i amddiffyn ei henw da hi a'i phriod. ''Dyn ni wedi byw'n ofalus.'

'Uffach o ofalus,' poerodd Cian. 'Heb fecso dam am neb arall.'

'Mae pawb yn gorfod bod yn gyfrifol,' meddai Dyfan â'i lais darlithydd athroniaeth, fel petai'n ceisio tywys ei ddosbarth i feddwl yn ddiduedd.

'*So*, Taid, ma' fe i gyd yn *sorted*, yw e?' meddai Cian a gwrid yn codi i'w fochau. 'Sut fyddet ti'n lico mynd ma's i Affganistan ddydd Mawrth?'

'Mae'n ddrwg gen i dy fod di'n teimlo fel hyn,' meddai Dyfan, yn awyddus i dawelu'r dyfroedd cyn i bethau fynd yn flêr.

Aeth Cian yn ei flaen gan ei anwybyddu. Roedd ei lais yn dal i fod yn undonog ond roedd cynnwrf dan yr wyneb.

'Pobol fel chi, fyddech chi byth yn codi dryll eich hunen. Pan welwch chi *sniper rifle* neu *combat knife* chi'n gweud "ych â fi". Ond chi'n meddwl fod hawl 'da chi ...'

'Hawl i be?'

'Hawl i ddisgwyl i rai fel fi fynd i dywallt ein gyts ni ma's dros rai fel chi.'

'Wel ...'

'Ond pam ddylen ni, a chithe wedi torri'r contract?'

'Pa gontract?' protestiodd Ceri.

'Y contract does neb am sôn amdano,' meddai Cian.

Gafaelodd yn sydyn yn ei feic a'i osod i sefyll ar yr olwynion. Sylwodd Dyfan fod llaw dde Cian yn crynu.

'Mae'n digwydd inni i gyd weithiau,' meddai Dyfan.

'Ddim fel hyn,' meddai Cian gan godi ar ei draed a gafael yn ei law dde â'i law chwith fel petai'n ceisio atal y cryndod. 'Os ydw i fel'ma fan hyn, sut bydda i yn Kabul?'

'Wel, rwyt ti'n gallu symud yn gyflym weithia,' meddai Ceri gan chwerthin i geisio ysgafnhau'r awyrgylch.

'Ddim fi oedd yn symud,' meddai'r milwr. 'Y peth arall. Tu mewn imi.'

'Dyna ydi hyfforddiant da,' meddai Dyfan gan deimlo'n rhagrithiol wrth ddweud y geiriau. Diolch i'r nefoedd nad oedd Ioan, eu mab, wedi mynd i'r fyddin, meddyliodd.

'Gadewch inni eistedd i lawr,' meddai Ceri. 'Mi fydd y tri ohonon ni'n teimlo'n well yn y munud.'

Eisteddodd y tri ar fainc gerllaw a gadael i'r synau o'u cwmpas eu llonyddu: lleisiau'r bobl yn y cwch yn trin yr injan, cri dwy wylan yn ymlid brân a grwndi'r traffig yn y pellter.

'Ocê. Fi'n well nawr,' meddai Cian. Anadlai'n araf, ei lygaid ynghau. 'Ydw, fi'n well nawr.'

'Ti'n edrych yn well,' meddai Dyfan. 'Tipyn bach o orffwys eto ac mi fyddi'n barod i fynd.'

'Mynd i ble?' meddai'r milwr a'i lygaid drwgdybus yn syllu ar Dyfan gan ddisgwyl ateb. Unwaith eto, roedd ei law yn agosáu at y gyllell.

'I fynd adra.'

'Ac i hedfan i Kabul, ie?'

'Wel ...'

'Ma' popeth mor braf a gwych i chi'ch dau.'

'Braf a gwych?' holodd Ceri.

'Ca'l mynd am dro ar y tra'th. Sgwrsio am y tywydd. Mynd adre i joio pryd o fwyd.'

'Mae 'na waed ar gefn dy law di,' meddai Ceri'n sydyn.

'Crafiad bach, dyna i gyd. Ma'r boen go-iawn fan hyn.' Tapiodd Cian â bys canol ei law dde ar ochr ei ben. 'Ond do's neb am wybod am hwnnw.'

'Pryd wnest ti deimlo'r boen gynta?' holodd Dyfan.

'Chwilio am waith.'

'Wel,' meddai Dyfan, gan benderfynu gadael cyn i dymer oriog Cian ddod i'r golwg eto, 'dwi'n siŵr dy fod yn ddigon doeth i gael help gan y bobol iawn. Mae hi'n bryd i ni'n dau fynd yn ôl at y car. Diolch iti am y sgwrs.'

'Ac am siarad yn onest,' ychwanegodd Ceri.

Safodd Cian ar bedalau'r beic a dechreuodd y peiriant symud mor herciog â chadair olwynion dros y creigiau anwastad.

'O, gyda llaw,' galwodd Dyfan ar ei ôl, 'ydi'r llwybr yma'n arwain yn ôl at yr eglwys?'

'Dyna lle 'dan ni wedi parcio'r car,' esboniodd Ceri.

'Ydi,' meddai Cian.

'Ydi o'n mynd heibio i ffosil y dinosor?' gofynnodd Dyfan.

'Ydi. Cerddwch mla'n am chwarter awr. Wedyn mi welwch chi lwybr yn mynd tua'r dde.' Yna ychwanegodd, gan ostwng ei lais fymryn fel petai'n datgelu rhywbeth o fyd y cysgodion, 'Yn y fan lle ma'r llwybr yn troi oddi wrth y traeth, ma' 'na ôl gwely hen afon. Fan hynny ma'r dinosor.'

'Ew!' ebychodd Dyfan. 'Diolch.'

Cerddodd Dyfan a Ceri yn eu blaenau ar hyd y llwybr. Pan ddaethant at hen wely'r afon y soniodd Cian amdano, ceisiodd y ddau, am ychydig funudau, ganfod ffosil y dinosor. Ond erbyn hyn roedd eu traed a'u coesau'n dechrau blino ac edrychent ymlaen at eistedd yn y car a mwynhau diod o goffi cyn troi tuag adre.

Ar y llecyn o dywod ymhlith y creigiau o'u blaen roedd 'na bobl yn eu dillad nofio, rhieni a phlant a pharau ifanc, yn mwynhau gweddillion gwres y prynhawn.

Cerddodd Dyfan a Ceri ar hyd y ffordd oedd yn dirwyn yn ôl tua'r pentref. Sylwodd Dyfan fod tarmac gweddol newydd ar arwyneb y ffordd hon, arwyneb cadarn ar gyfer y lorïau a gludai ysbwriel i'r ganolfan ailgylchu gerllaw ac ar gyfer ceir yr ymwelwyr breintiedig a wyddai am y traeth cuddiedig ger y pentir.

Cerddodd y ddau'n araf tua'r pentref. Ar ochr chwith y ffordd roedd darn o dir anial, yn orlawn o boplys ac amrywiol flodau gwylltion. O ganol y tyfiant newydd, codai hen simneiau bric coch yn gysgod o oes ddiwydiannol a fu. Ac ar ochr dde y ffordd gwelent fynedfa'r hen ysbyty meddwl oedd bellach yn gartref moethus i bobl hŷn. Ffordd dawel oedd hon a dim ond ambell gar a âi heibio.

Yn sydyn, rhuthrodd rhywun heibio iddynt ar gefn beic. Cian, a chudynnau ei wallt yn wlyb ar ei dalcen. Cododd Dyfan ei law, a gwnaeth y gŵr ifanc yr un fath cyn iddo ddiflannu heibio i'r hen ffatri a'r tir diffaith. Roedd mwy na chadwyn beic, meddyliodd Dyfan, yn caethiwo Cian.

'Fel'na oedd Ioan pan oedd o yn y Chweched Dosbarth, wrth ei fodd ar gefn beic.'

'Ia.'

'Nodweddiadol o fechgyn,' meddai Ceri. 'Tybed ble ma'i ffrindia fo?'

'Os oes gynno fo ffrindia.'

'Beti'n feddwl?'

'Golwg drist yn 'i lygaid o,' eglurodd Dyfan.

'Sut fedri di ddeud?'

'Pam wyt ti'n meddwl 'i fod o'n mynd mewn cylchoedd hyd y lle 'ma?'

'Dwn i ddim.'

'Dim dewis,' meddai Dyfan.

'Beic da. Braf bod yn ifanc, yn gry' ac yn iach.'

'Ond er ei fod o'n edrych yn rhydd, mae o'n gaeth, yn sownd wrth reola'r gwersyll, yn disgwl 'i daith i Kabul.'

'Y daith i Kabul,' adleisiodd Ceri. Yna ychwanegodd, 'Maen nhw'n dal efo ni, 'sti.'

'Y?'

'Y rhyfeloedd, Dyfan.' Yna penderfynodd Ceri newid y pwnc, 'Mae 'nhraed i'n brifo.'

'Fel traed y dinosor,' meddai Dyfan gan chwerthin. ''Dyn ni bron yno rŵan,' meddai gan feddwl am gyrraedd y car ac agor ei fflasg fetel ger mynedfa'r eglwys. Byddai'n mwynhau'r coffi a'r deisen cnau Ffrengig cyn prysuro adre i fwynhau newyddion y BBC.

Llety'r Ddrycin

'Tywys y brwshys. Cwrs magu hyder.' Pan welodd Twm yr hysbyseb yn *Golwg360*, dechreuodd ei galon gyflymu. Craffodd ar bob gair cyn dechrau chwilio am resymau i beidio â meddwl ymhellach am y peth. Er iddo freuddwydio am fod yn greadigol ers nifer o flynyddoedd, hwyrach mai twyllo ei hun wnaeth o. Magu hyder? Hwyrach nad oedd ganddo hyder i'w fagu. Mae'n wir y gallai rhywun, gyda rhywfaint o sgiliau ac ymdrech, ddysgu crefft ond, ys dywed y ddihareb, 'gweddw crefft heb ei dawn'. A pha ddiben mynd ar gwrs i ddarganfod yr artist mewnol os oedd y creadur hwnnw, yn ei achos ef, mor guddiedig â'r ieti? Rhyw ffasiwn dwyllodrus oedd y duedd i annog pawb i fod yn greadigol. Wedi'r cwbl, onid yw'r gwir artist yn cael ei eni, nid ei fowldio yn awyrgylch ffug rhyw ganolfan gelfyddydol ym mherfeddion cefn gwlad?

Am hanner eiliad, roedd Twm yn sicr fod ei wrthddadleuon wedi cario'r dydd. Yna edrychodd eto ar yr hysbyseb, a chanolbwyntiodd ar enwau'r ddau a fyddai'n arwain y cwrs – Jane a Jac Dolau. Ia, nhw oedden nhw, yn ddi-os. Dau artist go-iawn oedd wedi profi eu medr a'u dawn. Cofiai Twm iddo weld eu gwaith, yn ôl yn y gwanwyn, yn Oriel Martin Tinney. Nid ffug-artistiaid diletantaidd oedden nhw, yn sicr, ond dau ymroddgar a thalentog. A dyma nhw, ar ddu a gwyn yn yr hysbyseb, yn cynnig eu gwasanaeth fel tiwtoriaid a rhannu, o bosib, rai o'u cyfrinachau.

Cofiai Twm y cyfarfod y cafodd ei wahodd iddo y llynedd yn Oriel Albany. Ei gefn at y palmant prysur, dringodd y grisiau a chael ei groesawu gan berchennog yr oriel â gwên a gwydraid o win gwyn. Crwydro wedyn o ystafell i ystafell gan fwrw golwg sydyn dros y lluniau a lenwai'r parwydydd. Prin oedd y rhai a fynnai ei sylw. Ond, yma ac acw drwy'r stafelloedd, roedd ambell ddarlun yn hawlio ail edrychiad. Ac yn eu plith dri o luniau Jane Dolau. Roedd dawn yr artist yn pefrio yn y tri llun, a phenderfynodd Twm, yn y fan a'r lle, brynu un ohonyn nhw, sef llun o barc ym Mhenarth yn yr haf.

Ar ddiwedd yr arddangosfa, pan gafodd y llun i'w ddwylo, fe'i gosododd yn y lle gorau yn ei fflat, wrth ochr y ffenest yn y lobi lle treiddiai pelydrau haul y bore.

Roedd wrth ei fodd yn craffu ar weithiau artistiaid. Hoffai hefyd ddarllen hanes eu bywyd ac olrhain y dylanwadau a'r ffordd y gwnaethon nhw ddatblygu i fod yn artistiaid llwyddiannus. Ac os deuai cyfle i'w cyfarfod nhw yn y cnawd, wel, roedd hynny'n fonws ychwanegol. Dyma gyfle ar blât, felly, i gyfarfod ac elwa o gwmni dau artist go-iawn, a hynny ar gyrion ei hen gynefin gwledig yng ngogledd Cymru.

Wrth ddarllen yr hysbyseb am y pumed tro, sylweddolodd Twm na allai ddal ati i wrthwynebu. Wedi'r cyfan, bu ganddo syniadau am ddarluniau ers blynyddoedd. Roedd hi'n hen bryd iddo eu rhoi ar waith a phrofi, iddo'i hun os nad i'r byd a'r betws, fod ganddo'r sgiliau angenrheidiol i roi paent ar gynfas.

Pam, tybed, nad oedd wedi llwyddo pan oedd yn ifanc i roi mynegiant i'w reddf artistig? Syllodd drwy ffenest ei lofft ar y tai o'i gwmpas. Ai dylanwad rhieni neu athrawon oedd y drwg yn y caws? Ynteu ai dylanwad ffrindiau, efallai, a'u greddf i gydymffurfio â'r hyn oedd yn ddiogel ac arferol? Clywai Twm leisiau'r cysgodion yn ei gof. Yn yr ysgol gynradd: 'Ddim fel'na ma' gwneud llun tŷ.' Ac yn nes ymlaen yn nyddiau'r arddegau cydymffurfiol: 'Nid sgidia fel'na ddylet ti roi am dy draed i ddod efo ni i'r Urdd. Dos adre i'w newid nhw.' Ond mwy dylanwadol na lleisiau o'r fath, meddyliodd, oedd naws geidwadol disgwyliadau bywyd, y naws a blannodd ragdybiau yn ei isymwybod fod rhai gorchwylion a rhai swyddi'n arferol a chymeradwy tra bod gorchwylion a swyddi eraill braidd yn rhy fentrus. O ganlyniad, dewisodd y llwybr diogel: am naw mlynedd dysgodd sut i siarad ac ymddwyn fel athro; yna, am dalp go fawr o'i fywyd, dysgodd sut i bwyllgora, symud papur a theipio negeseuon e-bost mewn swyddfeydd. Dringodd yr ysgol. Cododd yn uwch yn y byd. Cafodd ddarn o bapur bob mis yn nodi bod ei gyflog wedi'i osod yn ddiogel yn ei gyfrif banc. Ac yn y cyfamser, bob diwrnod, bob mis, bob blwyddyn, fe ymbellhaodd fwyfwy oddi wrth y ddawn wreiddiol, y ddawn i greu, a fu'n rhan ohono ers pan oedd yn ddim o beth.

Ond bellach roedd yr awr o brysur bwyso wedi cyrraedd. Yn y llyfr nodiadau bach clawr glas a gadwai ym mhoced fewnol ei siaced, fe restrodd y pethau y byddai eu hangen dros gyfnod ei arhosiad yn y Ganolfan. Pethau eillio ac ymolchi. Brwsh trydan i lanhau ei ddannedd. Dau drowsus. Dau bâr o esgidiau. Dwy siwmper. Waled. Camera. Y blwch pren oedd yn llawn o diwbiau paent acrylig. Brwshys peintio. Heb anghofio'r llyfr trwchus ar hanes celf: *Art Today: History and Practice*. Yn llenwi hanner y cês. Ddwy flynedd yn ôl y prynodd hwn yn siop Waterstones yn yr Ais. Ac yntau wedi talu tri deg pum punt amdano, fe'i cadwodd yn ofalus mewn lle amlwg ar y silff lyfrau fawr uwch y teledu. O blith ei holl lyfrau, hwn oedd ei ffefryn. Fe'i darllenodd o glawr i glawr un tro, a byth ers hynny byddai'n bodio, o bryd i'w gilydd, drwy ei ddalennau i syllu'n hir ar y lluniau lliw a ddangosai gampweithiau artistig o bob math.

Ar ôl pacio'i bethau pwysicaf yn ei fag teithio Brunello Cucinelli, gosododd y cês ynghyd â'i ysgrepan cefn a'i esgidiau cerdded yng nghist y Vauxhall Astra. Cadarnhau bod ei ddisgiau sain a'i Garmin Drive 50 i gyd yn eu lle, troi allwedd y taniad, ac ymhen fawr o dro roedd yn llywio'i fodur ar hyd ffyrdd y gororau. 'Pwyll piau hi,' oedd cyngor mamol merch y tywydd ar y radio. Ac ar ddiwrnod fel hwn a'r coed yn chwipio bob ochr i'r ffordd, roedd hi yn llygad ei lle.

Ymhen hir a hwyr, cyrhaeddodd Twm ffordd gulach na'r cyffredin. Ac yng nghlydwch ei fodur, siaradai'n uchel ag ef ei hun. 'Gwylia'r canghenna isel 'na. Cofia'r sgidio all ddigwydd mewn tywydd fel hyn.' O'r diwedd cyrhaeddodd y pentref agosaf at y ganolfan, a gostyngodd gyflymder ei gar wrth iddo agosáu at y tŷ heb roi fawr sylw i'r amgylchedd agos, yn gaeau, coedlan a llyn.

Gan osod ei fag ar y mat croeso, curodd Twm yn betrus ar y drws gwydr newydd rhwng hen feini, ac yn y man, agorwyd ef. 'Croeso.' Gwelodd Twm law fawr wythiennog yn cael ei chynnig iddo ac wrth iddo'i hysgwyd, sylwodd mai gŵr canol oed byr o daldra a chydnerth ei freichiau oedd perchennog y llaw. 'Croeso i Lety'r Ddrycin,' meddai hwnnw. 'Ifor ydw i. Fi sy'n gofalu am y lle 'ma.'

'Twm. Twm Lewis. Dwi newydd deithio o Gaerdydd. Dwi braidd yn hwyr.'

'Gest ti drafferth i'n ffeindio ni?'

'Mi ddaru'r *sat nav* golli'r plot ar un pwynt. Blaw am hynny, dim trafferth. Dwi 'di gadael y car wrth dalcen y tŷ. Ydi hynny'n iawn?'

'Wel, ydi siŵr,' atebodd Ifor. 'I'r dim. Does yna 'run warden traffig yn Llety'r Ddrycin 'sti. Rhai hamddenol ydan ni i gyd fan hyn. Ty'd yn dy flaen. Mi ddangosa' i dy stafall iti.'

Dilynodd Twm y llall drwy gyntedd tywyll ac i fyny grisiau derw nes cyrraedd llofft ym mhen draw'r coridor ar y llawr cyntaf.

'Dyma hi. Mae 'na deciall ar y bwrdd acw.'

'Diolch,' meddai Twm gan gerdded at y ffenest. 'Dyma be 'di golygfa.'

'Mi weli di ran o Glawdd Offa drwy'r ffenast 'na ar ddiwrnod clir.'

'Ardderchog,' meddai Twm mewn llais gorhyderus. Mewn gwirionedd, teimlai'n ddigon nerfus. Roedd dod i le anghyfarwydd a chyfarfod pobl newydd bob amser yn her iddo.

Canodd cloch y drws ffrynt a phrysurodd Ifor allan o'r ystafell. Parhaodd Twm i syllu drwy'r ffenest, a sylwodd fod y dderwen ym mhen draw'r lawnt yn gwrthod plygu o flaen y gwynt a ddeuai o gyfeiriad y gororau, tra oedd yr eiddew y naill ochr i'r ffenest yn plygu'n ufudd. Eisoes roedd y prynhawn yn dechrau tynnu ei draed ato a'r awyr uwchben y coed yn dechrau tywyllu. Ai camgymeriad oedd teithio yma? ystyriodd Twm. Oedd hi'n debygol y gallai rhywun fel fo ailafael yn ei ddawn, os oedd ganddo ddawn, mewn lle fel hwn ymhlith dieithriaid?

Chwiliodd am ei sgrepan a thynnodd o'i pherfeddion y gyfrol a fu'n gymaint o gysur iddo. Teimlodd ei phwysau yn ei ddwy law wrth iddo ei gosod yn ddefodol ar y cwpwrdd derw wrth droed y gwely. Syllodd ar ei meingefn trwchus gan ddarllen, fel petai am y tro cyntaf, ei theitl: *Art Today: History and Practice*.

Gorweddodd Twm ar y gwely gan ddal i syllu ar y gyfrol. Pan ddaeth i'w feddiant am y tro cyntaf, arferai eistedd wrth fwrdd ei gegin yn y fflat bob nos ar ôl dychwelyd o'r swyddfa a phori a phori drwy ei saith can tudalen, gan syllu a syllu ar ei thoreth darluniau. Ni allai, mewn pob gonestrwydd, ddweud iddo fwynhau'r profiad. Eto, roedd y gyfrol arbennig hon wedi tyfu yn ei ymwybod i fod yn fwy na chyfrol gyffredin. Roedd hi rywsut wedi chwyddo i fod yn ddarlun o'i holl obeithion. A phan astudiai'r darluniau a darllen hanes yr artistiaid gallai ymgolli yn y ffurfiau ac uniaethu â'r lliwiau nes anghofio, dros dro, am bethau dibwys fel bwyta ac yfed.

Gyda'i chlawr gwyrdd a'i phapur o ansawdd, roedd hi'n gyfrol hardd wedi'i rhwymo'n gadarn, ac erbyn hyn, i Twm, roedd hi'n fwy na chyfrol. Roedd hi'n ffrind. Mae'n wir ei bod hi'n gynnyrch llafur pedwar o awduron, ond teimlai Twm ei fod yn gwybod mwy na nhw am y pwnc dan sylw. Byd yr artistiaid, eu dyheadau a'u mentrau. Dyma destun ei fyfyrdod yntau. Onid oedd bellach yn un y gellid ei groesawu i'w plith?

Er hynny i gyd, yn awr, teimlai Twm chwys ei amheuon yn dechrau ymffurfio unwaith eto o dan ei geseiliau. Cyn bo hir, meddyliodd, byddai swper yn barod a byddai'n rhaid iddo siarad â phwy bynnag arall fyddai'n bresennol. Er nad oedd hynny'n ei blesio, sylweddolodd Twm yn sydyn fod arno chwant bwyd, fel petai wedi bod ar lwgu ers oriau.

Canodd cloch yn y pellter a cherddodd Twm i lawr y grisiau pren gwichlyd ac ar hyd coridor yng nghefn y tŷ i gyfeiriad y gegin. Wrth iddo gerdded, sylwodd ar y darluniau mawr oedd yn hongian ar y parwydydd ond ni theimlai mewn hwyliau i edrych ar unrhyw lun. Yn yr eiliadau hyn, roedd bwyd ar blât yn bwysicach na llun ar wal.

Pan gyrhaeddodd y gegin gwelodd fod pump o bobl wedi cyrraedd yno o'i flaen. Dyfalodd ar unwaith mai Jane a Jac Dolau oedd y dyn a'r fenyw a eisteddai ym mhen pellaf y bwrdd derw hir. Cododd y fenyw dal, bryd golau ar ei thraed a cherdded yn osgeiddig tuag ato. Gwenodd ei chroeso bonheddig wrth iddi estyn ei dwy law fel actores yn cyfarch ei chynulleidfa. 'Twm Lewis?' meddai. 'Ydw i'n gywir?'

'Ydych,' atebodd Twm. 'Galwch fi'n Twm. Rwy'n cymryd mai Jane Dolau ydych chi?'

'Ia,' atebodd hithau. 'Ond "ti" os gweli'n dda. Dim ond "ti" yn Llety'r Ddrycin.'

'Iawn, 'ta, os wyt ti'n deud.' Gwenodd Twm a gwrido fel petai'n synnu at ei hyfdra'i hun.

'Mae'n siŵr iti adnabod fy wyneb o'r catalog.'

'Catalog?'

'Ia, catalog fy arddangosfa ddiweddara yn Oriel Tegfryn.'

'Debyg iawn,' meddai Twm, gan wrthod cydnabod nad oedd wedi tywyllu drws yr oriel honno ers dwy flynedd. 'Arddangosfa wych. Llongyfarchiadau iti am fod mor gynhyrchiol.'

Gwenodd Jane a nodio'i phen yn gynnil i dderbyn y ganmoliaeth.

Yna cerddodd y dyn yntau o ben pellaf y stafell ac estyn ei fraich i ysgwyd llaw â Twm. Gwisgai wasgod o frethyn coch a du, ac wrth iddo siarad roedd llygaid hyderus ei ddeugain oed yn craffu'n ddiymdrech ar y byd o'i gwmpas.

'Jac ydw i, Twm. Croeso i Lety'r Ddrycin. A diolch iti am dy lythyr. Mae dy ddiddordeb mewn lliw yn f'atgoffa o waith cynnar Jackson Pollock.'

Gwridodd Twm, ac ychwanegodd Jac, 'Ond cyn inni fynd i lawr at y glo mân, Twm, hoffwn dy gyflwyno i Ann a Ceri. Mae'r ddwy wedi dod yma i ddilyn yr un cwrs â chdi.'

Wrth glywed eu henwau, closiodd Ann a Ceri i ymuno â sgwrs y ddau ddyn. Merch denau bryd golau oedd Ann. Rhoddai ei llygaid mawr glas argraff o syndod neu ofn. Roedd Ceri yn fwy solet, a'i gwên gartrefol yn rhoi argraff o bersonoliaeth ddiniwed a diffygiol, o bosib, mewn hunanfeirniadaeth.

'Braf cael eich cyfarfod,' meddai Twm, 'ydych chi wedi dod o bell?'

'O Brestatyn,' meddai Ann.

'O Ruthun,' meddai Ceri.

'Ro'n i'n arfer byw yn yr Wyddgrug ar un adeg,' meddai Twm, ond cyn iddo gael cyfle i ymhelaethu, torrodd Jac ar ei draws. 'Y pumed yn y cwmni, fel y gweli, ydi Zoë. Mae Zoë'n dysgu Cymraeg, felly paid â siarad yn rhy gyflym.'

Gwenodd Zoë wrth i Jac sôn amdani. Roedd ganddi wyneb caredig a chorff cymesur. Wrth siarad, daliai ei hysgwyddau'n syth a rhoddai siâp ei gên argraff o hyder a chadernid.

'Dwi'n gweithio yn Llety'r Ddrycin,' meddai Zoë.

Hogan ddel i fod yn gweithio yn y gegin, meddyliodd Twm. 'Un o ble wyt ti'n wreiddiol?' holodd.

'Llundain,' atebodd Zoë.

'O, dwi'n gwirioni ar Lundain,' meddai Ann, 'a'r siopa yn Oxford Street. Ond sôn am draffig!'

'Wyt ti wedi bod yno yn y nos?' gofynnodd Zoë. 'Dyna pryd mae'r canol fel pentre bach tawel.' Chwarddodd, ac wrth iddi wneud hynny sylwodd Twm ar ei dannedd gwynion a'i gwefusau pert.

'I Gaer y bydda i'n mynd i siopa,' meddai Ceri.

'Pryd fyddwch chi'n dechra ar y gwaith?' holodd Zoë gan edrych i gyfeiriad Jac fel petai hi wedi blino sôn am siopa ac yn awyddus i newid y pwnc.

'Bore fory,' meddai Jac. 'Yntê, Jane?'

'Ia,' cytunodd Jane, 'brecwast am wyth. Wedyn dechra'r gwaith am naw. Dim hwyrach!'

Chwarddodd pawb wrth glywed Jane yn actio rhan y trefnydd awdurdodus.

'Ti'n *bossy*,' meddai Zoë, a chwerthin eto. Chwarddodd pawb gyda hi.

'Wel, nawr ein bod ni'n gwybod enwau ein gilydd,' meddai Jac, 'gadewch inni fwynhau ein swper. Dewch at y bwrdd bwyd, bobol.'

Eisteddodd pawb yn ufudd ar y meinciau caled a dechreuodd Twm fwyta ag awch y pryd o gig eidion, tatws stwnsh a llysiau o'r ardd. 'Ew, ma' hwn yn dda,' meddai gan werthfawrogi'r ffaith fod y bwyd yn stemio'n chwilboeth.

Ar ôl iddyn nhw orffen y pryd â phwdin jam o Jamaica, cytunodd pawb y byddai diod noswylio o flaen y tân coed yn ddymunol. Arweiniodd Jane y cwmni i'r parlwr bach lle roedd dwy silff wen yn llawn o lyfrau celf a lle tân hen ffasiwn yn ffrâm i danllwyth o dân coed.

'Ew! Ogla pren yn llosgi, does 'na ddim byd tebyg iddo,' meddai Twm.

Closiodd pawb at y fflamau ac wrth iddyn nhw sgwrsio a sipian eu diodydd disgleiriai golau'r tân ar eu hwynebau. Mor wych oedd y munudau hyn, meddyliodd Twm, gan ymryddhau, am y tro, oddi wrth ei natur ansicr. Mor ddymunol oedd cwmni'r bobl oedd o'i amgylch, mor ddiymdrech eu sgwrs, ac mor hardd oedd gwên Zoë. O'i phen i'w sawdl roedd hi'n ymgorfforiad o brydferthwch naturiol. Heb ôl colur o unrhyw fath ar ei hwyneb, disgleiriai ei gwallt yng ngwawl y fflamau. Mae hi'n gartrefol yn ei chorff ei hun, meddyliodd Twm. Wrth iddi biffian chwerthin a chroesi ei choesau, dywedai holl osgo'i chorff mai Llety'r Ddrycin, heno, oedd ei chartref a'i bod hi'n fodlon ar hynny, heb ddymuno dim byd gwell. Roedd ei phersonoliaeth allblyg a'i chorff lluniaidd yn ddylanwad cadarnhaol ar y lleill i gyd, fel petai fflamau'r tân yn dod o hyd i'w cartref ym mhelydrau ei hapusrwydd.

Wrth i Ann a Ceri sôn am eu cefndir a'u diddordebau artistig, sylwodd Twm ar eu siarad cyflym a'u llygaid clir. Artistiaid ifanc â'u dyfodol o'u blaen oedden nhw, meddyliodd. Er ei hapusrwydd yntau heno, yn y munudau hyn, buan y deuai drannoeth a byddai'n anodd iddo gystadlu â'r fath egni creadigol.

Deffrowyd Twm y bore wedyn gan geiliog yn canu â'i holl egni, yn uchel a digywilydd fel petai am berswadio'r byd mai ei gân ef oedd y gân orau o blith holl ganiadau ceiliogod y gororau. Wrth i Twm lowcio'i goffi, meddyliodd am y diwrnod o'i flaen. Tybed pa sbardun creadigol fyddai gan Jane a Jac ar eu cyfer? Tybed sut y byddai'r diwrnod yn datblygu?

Ar ôl i bawb orffen eu brecwast, daeth y criw ynghyd yn Stiwdio Lara, sef prif stiwdio Llety'r Ddrycin. Eisteddai Twm, Ann a Ceri ger y ffenest fawr. 'Mi fydd Jac yma yn y munud,' meddai Ceri, ei llygaid glas yn ddisglair a llawn cynnwrf.

'Beth am Jane?' holodd Twm.

'Mi fydd hi'n ymuno â ni ganol y bore,' meddai Ann. 'On'd ydi hi'n dywydd mawr?'

Syllodd y tri drwy'r ffenest uchel a gwylio'r cymylau'n crynhoi uwch y bryniau.

'Tywydd nodweddiadol o'r gororau, mae'n siŵr,' meddai Twm.

'Nac ydi wir,' meddai Ann. 'Unwaith yn y pedwar amser y gwelan nhw dywydd fel hyn. Mae'r elfennau'n cynllwynio yn ein herbyn ni heddiw.'

Trodd Twm ei geiriau yn ei feddwl. Tybed oedd yr awelon creadigol o'i blaid neu yn ei erbyn? Sut dywydd sydd orau ar gyfer rhyddhau'r galluoedd creadigol? Torrwyd ar draws ei fyfyrdod gan andros o glec uchel y tu allan i ddrws y stiwdio. Wedi'r glec daeth sŵn sisial, fel sŵn eithin yn llosgi, ac wedi'r sŵn hwnnw, sŵn llais dyn yn llafarganu.

'Pa hwyl ddaw heddiw i'n mysg?' holai'r llais hwnnw mewn cywair dwfn a herciog. Yna cerddodd Jac i mewn drwy ddrws y stiwdio.

'Bore da, ffrindia,' meddai. 'Gobeithio na wnes i'ch dychryn chi. Pwrpas yr *amateur dramatics* ydi'ch deffro chi ar gyfer y gwaith sydd o'ch blaen.'

'Pam y ffasiwn glec?' holodd Ann.

'Cwestiwn da,' atebodd Jac. Gan neidio ar ben cadair, meddai, 'Pwrpas y sŵn a phopeth y gwnewch chi ei brofi yn Llety'r Ddrycin ydi'ch deffro chi o'r rhigolau arferol. Nid fy mwriad i a Jane ydi'ch llusgo chi ar hyd hen rigolau cyfarwydd, welwch chi. O, na. Ein gwaith ni ydi'ch deffro chi i wir gyflwr o greadigrwydd. Mae'r artist ym mhob un ohonon ni'n dyheu am gael cyfle i'w fynegi ei hun.'

Plygodd Twm ei ben a rhythodd ar ei goffi. Doedd pethau ddim yn argoeli'n dda, meddyliodd. Rhyw giamocs fel hyn oedd perygl mawr cyrsiau celf. Petai heb dyrchu i'w boced i dalu am y ffasiwn rwtsh byddai'r arian wedi mynd tuag at brynu'r darlun gan David Tress a welodd yn oriel Martin Tinney.

Caeodd Jac ei lygaid. 'Dwi'n teimlo gwrthwynebiad,' meddai, fel petai'n llithro i rôl siaman. 'Dwi'n clywed hen adleisiau negyddol y gorffennol yn swnian a chrafu a cheisio'ch dal chi ym mhawennau eu hen elyniaeth. Gwrandwch rŵan, bobol, gwrandwch arna *i*, nid ar y lleisiau hynny. Mynnwch ateb yn ôl. Mynnwch fod yn rhydd, fel roeddach chi ers talwm, cyn i athro na rhiant na neb eich dysgu i fod yn anghreadigol drwy eich perswadio nad oedd gynnoch chi unrhyw ddawn, nad oedd gynnoch *chi* unrhyw dalent werth sôn amdani.'

Gan ddistewi am rai eiliadau, syllodd Jac drwy'r ffenest fawr. Syllu a syllu ar y dderwen anferth yng nghanol y lawnt.

'Cyn bo hir,' meddai, 'mi fyddwch chitha, fel y dderwen acw, yn sefyll yn hyderus ac yn chwifio'ch breichia'n rhydd, fel dawnswyr yn cael eu rhyddhau o hen hualau. Fy ngwaith i ydi'ch rhyddhau chi, nid eich perswadio efo geiriau ond eich rhyddhau'n brofiadol drwy roi caniatâd ichi, fel petai, i fod yn chi eich hun, drwy eich cyflwyno chi, o'r newydd, i'r artist mewnol.'

Edrychodd Twm ar ei watsh. Teimlai awydd i chwerthin, yna teimlai'n flin. Beth petai ei hen ffrind ysgol, Richard, yn ei weld yn awr? Richard, y meistr ar watwar popeth ffug ac ymhonnus. Doedd o ddim wedi teithio'r holl ffordd o Gaerdydd i ddioddef mymbo jymbo fel hyn. Nid hocys pocys a seicogabl oedd ei nod na'i fwriad. Roedd arno eisiau profi'r peth ei hun, y gwir greu ymarferol. Ond dylai fod wedi gwrando ar ei amheuon pan ymwelodd â'r Amgueddfa Genedlaethol a chael ei lorio unwaith eto gan waith yr Argraffiadwyr. Mor ysblennydd oedd eu campweithiau nhw. A phob clod i'r chwiorydd Davies am eu dycnwch yn casglu'r fath drysorau i'r genedl. Ond y fath drysorau! Y fath oleuni llawn asbri a gwreiddioldeb llawn pŵer a gasglwyd ynghyd ar y cynfasau hynny. Pa obaith oedd i Twm Lewis gyffwrdd ag ymyl gwisg y fath feistri?

'Yn y man,' meddai Jac, fel petai'n darllen meddyliau'r tri o'i flaen, 'mi gewch chi gyfle i roi paent ar gynfas. Ond, meddech chi,' aeth ymlaen i actio mewn llais cwynfanus, 'dwyt ti ddim wedi'n hyfforddi ni, dwyt ti ddim wedi dangos unrhyw grefft o bwys inni. Y cyfan a gawson ni gen ti hyd yma ydi sŵn a geiria. Beth am y gwaith ymarferol, Jac? Pryd fyddi di'n dangos hynny inni, Jac? Aa, gyfeillion,' ychwanegodd Jac, 'ffrindia annwyl, peidiwch â meddwl am funud y galla i na neb arall greu artistiaid ohonoch chi. Un ai dach chi'n benderfynol o greu neu dach chi ddim. Fedra i na Jane ddim eich gorfodi chi i greu os nad ydi'r gwir awydd ynoch chi. Ond os ydi'r gwir awydd ynoch chi – ffydd, gyfeillion, ffydd – mae popeth yn bosib.'

Be oedd pwrpas dod â ni yma felly? meddyliodd Twm heb awgrym o amheuaeth yn ei wyneb. Be oedd pwrpas yr hysbyseb ar wefan *Golwg360* a'r honiadau mawr? 'Tywys y brwshys'! Be oedd pwrpas yr holl gelwydd? Wrth i'r melinau negyddol droi yn ei feddwl, gwenai'n glên fel petai'n cael budd ac ysbrydoliaeth o eiriau Jac.

'Wn i ddim be sy'n mynd drwy'ch meddylia chi,' meddai Jac, 'ond dowch efo fi. Dwi am ddangos rhwbath ichi.'

Gyda'i law chwith gwnaeth ystum i annog y tri i'w ddilyn i gornel bellaf y stiwdio. Yno roedd llen felfed las yn hongian o'r nenfwd i'r llawr. Ni welodd Twm len debyg iddi erioed: roedd yn syml a diaddurn ac eto'n drwchus a chyfoethog a llawn plygiadau. Tybed beth neu bwy oedd yn cuddio y tu ôl i'r llen? Jane, efallai, yn barod i'w sbarduno â thriciau o flwch y tiwtoriaid? Cerddodd Jac at y llen ac yna – yn syfrdanol o chwim – estynnodd ei law dde a'i thynnu'n felltennog i un ochr.

Yno, yr ochr arall i'r llen, roedd tri threipod ac ar bob un gynfasau mawr gwyn. O flaen y tri threipod, eisteddai Zoë yn noeth a chartrefol mewn cadair freichiau. Gwenai'n hawddgar ar y cwmni, heb chwithdod na chywilydd.

'Dwi am i chi syllu ar yr hyn welwch chi,' meddai Jac. 'Syllwch yn ofalus fel petaech chi erioed wedi gweld dynes noeth o'r blaen. Dychmygwch eich bod chi'n ei gweld hi am y tro cynta yn eich bywyd. Ac ar ôl syllu, trowch at eich cynfas a pheintiwch. Mynnwch beintio'n rhydd. Mynnwch dorri eich cwys eich hun. Mynnwch dorri tir newydd. Mae'r paent yma. Mae'r brwshys yma. Yr unig beth sydd ei angen ydi'ch llygaid chi a'ch gweledigaeth chi.'

Syllodd Twm ar Zoë, y model hawddgar ac anrhwystredig. Syllu ar ei hwyneb. Syllu ar ei gwallt. Syllu ar gyflawnder lluniaidd ei chorff.

Ar fyr o dro roedd Twm ac Ann a Ceri yn brysur wrth eu gwaith. Roedd eu chwys yn llifo wrth iddyn nhw orchuddio'u cynfasau. Y paent olew a'r paent acrylig, y siarcol a'r inc a'r holl gyfryngau amrywiol yn llifo i'w gilydd. Codai Twm ei ben o bryd i'w gilydd a sylwi'n gegrwth ar ymroddiad Ann a Ceri. Y fath asbri creu, meddyliodd, y fath ryddid mynegiant, y fath arbrofi dilyffethair.

Syllodd eto ar y gwrthrych – Zoë, merch y gegin, oedd yma'n dyblu ar ffurf duwies Geltaidd neu *Venus de Milo* ym marmor perffaith ei chroen. Sut yn y byd y gallai neb ddisgwyl iddo fo, y prentis hwyr Twm Lewis, ddal y fath berffeithrwydd ar gynfas? Yn y munudau hynny, roedd grym ei phrydferthwch yn ei lethu a'i orchfygu. Nid paent ar frwsh a chynfas oedd yr ymateb cywir. Nid siarcol nac inc na chrafiadau ar wyneb craig. Ond rhywbeth tebycach i fawl a gwrogaeth ac ildio llwyr.

'Mae'n bryd ichi gael egwyl fach,' meddai Jac. 'Dewch drwodd i'r lolfa, bobol.' Cododd y tri yn araf gan daflu cipolwg ar waith ei gilydd. Sylwodd Twm ar y llinellau hyderus ar gynfas Ann. A'r hyn a'i plesiai yng ngwaith Ceri oedd y lliwiau llachar a hapus.

'Sut mae'n mynd?' holodd Jac gyda gwên wrth i'r pedwar sefyll o gwmpas y bwrdd coffi.

'O, go lew, diolch,' atebodd Ann. 'Dwi am roi tipyn mwy o sylw i'r cefndir.'

'Dwi wedi cyrraedd y pwynt lle mae angen imi ...' meddai Ceri.

'Angen be?'

'Lle mae angen imi benderfynu bod y gwaith yn ddigon gorffenedig. Wedi'r pwynt hwnnw, mae peryg imi ddifetha'r cwbwl.'

'Ia. Mi wnes i hynny ambell dro,' cyfaddefodd Jac. Yna, gan droi at Twm, 'A thitha?'

'Wel, ym ...' Ymbalfalu. Ceisio dod o hyd i'r geiriau. Methu.

'Yfa dy goffi, fachgen. Mi fydd y caffein yn help.'

Cywilydd a deimlai Twm. Sut gallai gyfleu mewn geiriau y teimladau na lwyddodd i'w cyfleu mewn acrylig? Os oedd unrhyw werth i'w waith, meddyliodd, roedd yn werth cuddiedig, yn drysor wedi'i gladdu.

Ar ôl yr egwyl goffi, aeth pawb yn ôl at eu gwaith. Dan faich yr ymwybyddiaeth na allai arlunio, nad oedd unrhyw werth i'w ymdrechion, teimlai Twm fod yr oriau'n llusgo. O'r diwedd, cyrhaeddodd yr awr ginio. Ar ôl cinio fe lusgodd yr oriau ymhellach hyd ludded trwm y prynhawn. Heb allu dioddef ychwaneg, gadawodd Twm y lleill gan fwmian fod arno angen tipyn o awyr iach. Adleisiai camau caled ei gerddediad ar waliau'r neuadd a arweiniai at y brif fynedfa. Tynnodd y drws derw ynghau ar ei ôl.

Roedd y lawnt yn llwyfan i artistri digymell byd natur. Chwifiai'r coed bedw eu canghennau, a fry yn yr entrychion teithiai'r cymylau'n araf ar draws yr wybren. Trodd Twm ei ben ac edrych dros ei ysgwydd ar y tŷ hynafol â'i gerrig nadd. Roedd Llety'r Ddrycin yn rhan o'r olygfa ac eto'n sefyll ar wahân iddi. Roedd y naill yn llifo i'r llall ac yn creu cyfanwaith. Ond am ei waith ei hun, pa fath o gyfanwaith oedd hwnnw? Roedd ei linellau'n ansicr a'i liwiau'n ddifenter. Ni fyddai byth yn llwyddo i gyrraedd ei safon feirniadol ei hun heb sôn am safonau artistiaid eraill.

Dychwelodd i'w ystafell heb siarad â neb. Yna eisteddodd yn y gadair freichiau a'i gefn at y ffenest. Trodd dudalennau ei hoff gyfrol gelfyddydol nes cyrraedd ei hoff ddarlun, un o blith cyfres darluniau Cezanne o Mont Sainte-Victoire. Ond er syllu ar y llun fel y gwnaeth ddegau o weithiau o'r blaen, dim ond mymryn o ddiddanwch a gâi o wneud hynny. Yn sydyn clywodd sŵn crafu yn y nenfwd uwch ei ben, y tu allan i'w ffenest, a dechreuodd ddyfalu beth oedd tarddiad y sŵn. Nam trydanol, efallai? Nage, go brin. Sŵn llygod yn rhedeg yn ôl ac ymlaen? Ie, efallai. Cododd ar ei draed a chraffu drwy'r ffenest a chodi ei ben yr un pryd i weld a oedd unrhyw beth y tu allan i awgrymu tarddiad y sŵn. Roedd rhes o golomennod wrth y ffenestri, saith ohonyn nhw, yn sefyll mewn rhes ar y landar. Yna gwelodd greadur tebyg i lygoden yn ymwthio drwy dwll yn y wal ac yn hedeg fel petai'n ddigyfeiriad drwy awyr yr hwyr. Ystlum. Wrth gwrs. Dyna oedd y sŵn a glywsai uwch ei ben yn y nenfwd – sŵn nythfa o ystlumod. Eisteddodd yn ôl yn ei gadair a cheisio ymgolli eto yn ei lyfr, ond methai â chael pleser o edrych ar y lluniau a darllen y fawlgan o dan bob un.

Penderfynodd fynd allan i anadlu awyr yr hwyr. Gwisgo'i gôt a gofalu bod allweddi'r car yn un o'r pocedi. Gosododd y gyfrol gain o dan gesail ei fraich chwith. Cist y car oedd y lle gorau iddi hi. Cerdded wedyn i lawr y grisiau. Wrth gerdded heibio i ddrws y gegin gallai glywed y lleill yn sgwrsio a chwerthin. Closiodd yn ddistaw at y pren a chlywodd lais Jac, yn gymysg â sŵn poteli a gwydrau, yn dweud rhwng chwarddiadau, 'Does gynno fo ddim obadeia!' Chwarddodd y lleill, a theimlai Twm yn sicr mai siarad amdano fo yr oedden nhw.

Pan ddaeth at ei gar penderfynodd ar amrantiad beidio ag agor y gist. Cerddodd yn ei flaen ar wellt meddal y lawnt a redai'n gyfochrog â'r dreif, ac yn y fynedfa rhwng agoriad y dreif a'r ffordd a arweiniai at y pentref, trodd i'r dde a cherdded i gyfeiriad y llyn a welodd pan oedd yn agosáu at Lety'r Ddrycin am y tro cyntaf. Dyna fo, rhwng y coed eithin a'r brwyn, ac arwyneb ei ddŵr yn sgleinio yn yr hanner gwyll.

Wrth iddo glosio at y llyn, teimlai awel yr hwyr yn mwytho'i fochau, a neidiodd yn sydyn wrth i aderyn godi mewn ffrwst allan o'r brwyn. Erbyn hyn, roedd y pridd o dan ei draed yn feddal a chorsiog ond gwyddai fod yn rhaid iddo gerdded yn ei flaen. Toc roedd dŵr iasol y llyn yn dechrau lapio o gwmpas ei fferau. Sefyll yn llonydd wnaeth o wedyn, a syllu ar y dŵr llwyd o'i flaen. Dros y caeau cyfagos, o gyfeiriad Llety'r Ddrycin, drifftiai sŵn chwerthin, ac o'r coed y tu cefn iddo anfonodd tylluan ei galwad gyntaf i ddatgan helfa'r hwyr. Gwyddai'n awr beth oedd yn rhaid iddo'i wneud. Tynnodd y llyfr yn rhydd o afael ei gesail, ac ochneidiodd yn ddistaw wrth edrych un waith eto ar ei glawr. Yna, â'i law dde, gyda nerth pob cyhyr yn ei fraich, taflodd y llyfr i'r tywyllwch. Clywodd y dŵr yn tasgu wrth i'r llyn dderbyn ei offrwm.

Er bod ei draed yn oer ac yn wlyb, dychwelodd i Lety'r Ddrycin yn ysgafnach ei fryd. Beth bynnag fyddai ei ddyfodol fel artist, teimlai hyder newydd wrth wynebu'r dyfodol hwnnw. Gorweddodd ar ei gefn yn y tywyllwch gan ddychmygu'r saith colomen yn ehedeg yn ôl i'w lle uwch ei ffenest yn y bore.

Belfast

Casglodd Glyn ei fagiau gan sylwi, drwy ffenest ei lofft, fod llechi'r toeau yn sych. Hyd yma, ar y bore hwn o Fai ym Mangor Uchaf, roedd y tywydd o'i blaid. Er iddo glywed chwyrniadau ffrae atmosfferig y cymylau uwchlaw'r Carneddau neithiwr, roedd amlinell pob copa'n glir bellach, a'r haul yn llywodraethu. Rhwng cnoi tost a llowcio coffi, edrychodd ar fap tywydd y BBC – er nad oedd Gweriniaeth Iwerddon yn cael yr anrhydedd o fodoli ar y map hwnnw, roedd tywydd Gogledd Iwerddon yn cael sylw llawn.

Gosododd ei fagiau yng nghist yr Audi A6 roedd wedi'i logi ddechrau'r wythnos a gyrru'n hamddenol ar hyd yr A5, gan gyrraedd porthladd Caergybi mewn digon o bryd i barcio'i gar a byrddio'r *Stena Adventurer*. Diolchodd mai dim ond llond dwrn o bobl oedd yn y lolfa Hygge, a chafodd lonydd i fwynhau'r croesiad teirawr esmwyth yng nghwmni nofel ysgafn.

O Borthladd Dulyn, daliodd drên o Orsaf Connolly i Orsaf Ganolog Belfast ac ar ôl taith fer mewn tacsi cyrhaeddodd westy'r Dukes at Queens yn Stryd y Brifysgol. Yno, cafodd groeso gan y teulu a redai'r gwesty bach chwaethus. Ymffrostiai'r fenyw fod y stafelloedd i gyd wedi'u hadnewyddu ar gyfer ymweliad yr Uwchgynhadledd.

Penderfynodd fynd am dro cyn noswylio, ac ymunodd â'r myfyrwyr oedd yn drwch yn y stryd a'r caffis a'r ganolfan gelfyddydol. Sylwodd wrth gerdded fod gwydr ambell ffenest wedi'i dorri'n deilchion, ambell dŷ wedi'i losgi a ffenestri a drws un arall wedi'u byrddio. Hawdd canfod pethau tebyg ym mhob dinas, meddyliodd. Crwydrodd Botanic Avenue a tharo i mewn i siop lyfrau No Alibis, a gweld copi o'r gyfrol *Reporting the Troubles: Journalists tell their stories of the Northern Ireland Conflict* wedi'i llofnodi gan y golygyddion. 'Well-written, that one,' meddai'r dyn wrth y cownter. 'I know the editors.' Bwriodd Glyn gipolwg ar y clawr ôl oedd yn rhestru enwau chwe deg wyth o gyfranwyr – newyddiadurwyr a darlledwyr a fu yn ei chanol hi yn ystod yr Helyntion, nifer ohonynt yn ddarlledwyr byd-eang bellach. Hwyrach y byddai'r gyfrol yn gymorth iddo i gasglu deunydd cefndirol ar gyfer ei erthygl am yr Uwchgynhadledd, meddyliodd, gan dynnu Mastercard o'i waled i'w phrynu.

Dychwelodd allan i'r stryd. Dynes yn cerdded heibio. Doedd hi ddim yn ifanc. Ddim yn hen chwaith. Ei gwallt eurfrown yn cau fel sgarff am ei bochau mewn ymgais aflwyddiannus i guddio craith oedd yn ymestyn o waelod ei chlust dde hyd at dro ei gên. Myfyrwyr yn chwerthin. Ymdeimlad o gynnwrf. Pawb yn disgwyl ymwelwyr o bedwar ban byd i'r Uwchgynhadledd fyddai'n dechrau drennydd. Câi cyfle i gasglu deunydd cyffredinol ar gyfer ei erthygl yfory, diwrnod i'r brenin – ond i newyddiadurwr â llygaid agored gallai diwrnod o'r fath ddwyn ffrwyth annisgwyl. O leiaf byddai'n gyfle iddo weld rhywfaint o'r ddinas.

Yn ei wely y noson honno, darllenodd dalp go dda o *Reporting the Troubles*. Er mor dywyll oedd cyfnod y trais a'r lladd, roedd rhai o'r awduron yn fodlon cyfaddef iddo fod yn gyfnod cynhyrfus a llawn digwydd. Cyfnod pan ruthrai'r adrenalin. Gwawr eu gyrfa. Er mor gyfforddus oedd ei wely, cadw draw wnaeth cwsg.

Drannoeth, wedi noson anesmwyth, cododd yn gynnar a chael blas ar ei frecwast poeth. Ar ôl prynu copi o'r *Belfast Telegraph* mewn ciosg cornel stryd, dechreuodd gerdded i gyfeiriad canol y ddinas. Am hanner awr wedi deg, ac yntau'n agos at Neuadd y Ddinas, roedd yn bryd iddo lyncu tipyn o gaffein. Dewisodd gaffi Ross yn Stryd Montgomery.

'Shw'mae?'

Troi ei ben mewn syndod. Roedd dyn â barf wen yn eistedd wrth y ffenest, ei lygaid yn las a'i wên yn groesawgar.

'Larry! Heb dy weld ti ers … ers.'

'Dyddiau coleg,' chwarddodd y barfog. 'Dyddiau'r hwyl a'r protestio,' ychwanegodd â gwên. Ar ôl y mân siarad arferol mae'n gofyn, 'Be ddaeth â chdi i *Titanic Town?*'

Cyn ateb, prynodd Glyn Americano ac eistedd wrth yr un bwrdd crwn â'i gyfaill o'r dyddiau da.

'Comisiwn i sgrifennu erthygl.'

'I bwy?'

'Yr *Independent.*'

'Am yr Uwchgynhadledd?'

'Ia.'

'Gweithio ar dy liwt dy hun wyt ti?'

'Ia.'

'Ma'n rhaid bod gen ti gysylltiada da. Pwy ofynnodd iti ddod yma?'

'Y Golygydd.'

Chwarddodd Larry. 'Mae'r *Old Smoke* yn tynnu newyddiadurwyr fel huddyg i botas.'

'Yr hanes sy'n denu.'

'Siŵr iawn.'

'Pam ddoist ti 'nôl yma i fyw, Larry? Mi allet ti fod wedi aros yng Ngwlad y Gân. Roedd gen ti lais da yn y côr.'

'Pam y bydd pobol yn dychwelyd at eu gwreiddia? Ein greddf ni i gyd ydi dychwelyd i fan ein geni, w'sti. Does gen i ddim cwilydd deud, roedd gen i hiraeth am Belfast. Wedi deud hynny, a minnau yn yr oedran yma – gad inni beidio manylu – dydi hiraeth ddim yr hyn roedd o'n arfer bod.'

'Gwir,' meddai Glyn, gan gofio'n sydyn am eu hoffter o sgyrsiau fel hyn yn y coleg pan oedd Larry'n dal ar bob cyfle i ymarfer ei ail iaith. 'Ond dwi wedi cyfarfod ambell un yng

Nghymru oedd yn arfer byw yma. Dy'n nhw ddim am ddychwelyd ar frys.'

'Dwi'n synnu dim. Ond mae 'na ymwelwyr sy'n gwasgu i ddod i mewn yma hefyd 'sti. Wyddost ti fod 'na filoedd ohonyn nhw'n tyrru i weld y Walia' Heddwch? Tynnu llun neu ddau ac wedyn diflannu fel dail yr hydref.'

'Ar ôl trip mewn tacsi i weld y walia' a deud "*Done that*"?'

'Ia. Ac mae digon o'r walia' i'w gweld hyd y lle 'ma. Wyddost ti fod 'na bron gant ohonyn nhw'n dal i rannu'n cymunedau ni?'

'Pam hynny, Larry?'

Syllodd Larry drwy ffenest y caffi. 'Dewis y bobol ydi cadw'r walia'. Ar hyn o bryd.'

'Mi welais i bennawd yn y *Belfast Telegraph*: "Destroy the walls by 2023 say MLAs".'

Gwenodd Larry ei wên sardonig. 'Paid credu pob gair weli di yn y papura, boi. Ac yn sicr paid credu'r cyfan a ddywed ein cynrychiolwyr gwleidyddol. Maen nhw'n fodlon derbyn cyflog er eu bod nhw'n gwrthod siarad â'i gilydd ar hyn o bryd.'

'Mi glywais i fod y rhan fwya o bobol isio symud 'mlaen â'u bywyda yn lle byw yn y gorffennol.'

'Debyg iawn.' Gwenodd y Gwyddel wên brofiadol. 'Ma' petha'n newid, wyddost ti, diolch i'r drefn.'

'Pam hynny?'

'Dyddia ansicr. Pobol ddim isio byw dan gysgod ddoe. Sylweddoli bod canlyniada Brexit yn fygythiad newydd.'

'Aros yn yr Undeb Ewropeaidd oedd dewis y mwyafrif yma.'

'Ia. Yn wahanol i Gymru.'

'Pam hynny, tybed?'

'Sylweddoli ein bod ni i gyd yn perthyn i'r un pentre byd-eang. Cofia di, mae pobol Gogledd Iwerddon, fel y Cymry, yn eitha hoff o fyw mewn swigen.'

'Be fysa'n help i'w tynnu nhw allan o'r swigen?'

'Sylweddoli fod 'na bwynt yn dod lle mae'n rhaid i bobol

gydnabod bodolaeth ei gilydd a rhoi stop ar y meddylfryd llwythol. Stopio'r tywallt gwaed. Bod yn fodlon madda.'

'Wyt *ti* 'di madda, Larry?'

Syllodd Larry'n syn fel petai newydd lyncu pry.

'Rho eiliad imi feddwl.' Ymhen ennyd, atebodd. 'Dwi 'di madda sawl peth mawr – terfysgwr yn lladd cefnder imi, er enghraifft. Petha o'r fath. Ond mae ambell beth bach yn dân ar 'y nghroen i o hyd. Gair neu ddau ddwedodd rhywun wrtha i flynyddoedd yn ôl. Neu wên slei oedd yn dangos eu hagwedd nhw tuag ata i. Ma'n anodd gen i fadda petha bach felly. Ond ma' pobl eraill, rhai gwell na fi, yn y ddinas 'ma sy'n fodlon madda'r cwbwl ... y petha bach a'r petha mawr.'

'Am iddyn nhw gael blas ar rwbath gwell?'

'Ia. Pan mae pobol yn cael tipyn o fywyd normal wedi cyfnod o drais, mae hynny fel sawru Angel Delight. Unwaith maen nhw'n dechra cael 'i flas o, maen nhw isio mwy ohono fo.'

'Mae hynny'n gam ymlaen.'

'Ydi. Ond cofia, tra oeddan ni yn ein swigan byd gwaith yn yr wythdegau, roedd eithafwyr sawl carfan yma yn fodlon deud faint o bobol roeddan nhw wedi'u lladd. Mi wnes i gwarfod un dyn parafilwrol oedd wedi lladd pymtheg o'i elynion! Ac yn brolio'i gamp. Mi gafodd tair mil a chwe chant o bobol eu lladd yn ystod yr Helyntion. Ac mi gafodd miloedd eu hanafu. Fydd yr atgofion am hynny ddim yn diflannu'n fuan.'

'Sut ma' hi arnat ti?'

Sychodd Larry ewyn gwyn y coffi oddi ar ei fwstas â'i napcyn.

'Mi fydda i'n meddwl weithia y gallai petha fod wedi bod yn wahanol. Ond yn ei flaen mae bywyd yn mynd, Glyn bach. Dydi'r gyflafan waetha ddim yn para am byth. Ond y gwir plaen ydi hyn: fedra i ddim anghofio'n llwyr – er mor ddymunol fydda dechra o'r dechra gyda llechan lân.'

'Pam ddaru'r holl beth ddigwydd?'

Syllodd Larry drwy'r ffenest fel petai'n gwylio ffilm o'r gorffennol. 'Ro'n i'n disgwyl y cwestiwn yna. Yr un cwestiyna sy gan bob newyddiadurwr. I ddechra roedd y cwbwl fel chwara plant. Fel cefnogi tîm pêl-droed. Wrth gwrs, roedd yr hen ragfarna yno dan yr wyneb. Yr hen gasineb. Yn dod i'r golwg weithia mewn gwawd neu jôc. Wedyn, yng nghanol y chwedega, fe drodd y cwbwl yn sur. Yn rhywbeth llawer tywyllach.'

'Pam?'

'Mi gei di wahanol atebion i'r cwestiwn yna. Yn 'y marn i, dylai'r ateb gynnwys y gair "anghyfiawnder". A'r gair "tlodi". Diffyg chwarae teg hefyd. Coblyn o beth ydi hynny. Pobol yn teimlo'u bod nhw'n cael 'u hanwybyddu a'u gwasgu i gornel. Wedyn y saethu, yn Derry, pan oedd deg mil o bobol yn gofyn am beth mor sylfaenol â hawlia cyfartal.'

'Mi welais i ffilm newyddion ...'

Mae'r atgofion ym mhen Larry yn fwy graffig nag unrhyw ffilm newyddion ac mae'n torri brawddeg Glyn â slaes ei atgofion. 'Mi saethodd y Paras a lladd pedwar ar ddeg o ddinasyddion diarfau! Anafu deuddeg. Sul y Gwaed oedd hwnnw. Wedyn roedd y dre'n ddistaw fel y bedd, am dridia cyfan. Pobol yn gwrthod siarad â'i gilydd. Yr adar yn colli'r awydd i ganu. Wedyn mi lawiodd hi ... ond allai'r glaw tryma' ddim golchi'r gwaed o'n meddylia ni.'

'Ond mae 'na fwy nag un ochr i'r stori, meddan nhw. Dwi ddim yn siŵr pa fersiwn sy fwya credadwy.'

Fflachiodd llygaid Larry. 'Dallta hyn. Dwi'n sôn am ffeithia sy wedi'u profi mewn Uchel Lys. Dwi ddim yn marchnata mewn newyddion ffug.'

'Gair pwy ddylwn i 'i gredu?'

'Mi goeliodd y Barnwr dystiolaeth y Cymro a welodd y cwbwl.'

'Pwy oedd o, felly?'

'Jack Chapman, cyn-filwr Prydeinig. Cymro. Mi welodd o'r lladd o falconi ei fflat yn Glenfada Park.'

Yn y man daeth y sgwrs gyda Larry i ben. Ysgwyd llaw a ffarwelio. Ar ôl i Glyn adael y caffi a dechrau cerdded i gyfeiriad May Street, meddyliodd am eu sgwrs. Er gwaetha'r holl gynnwrf a'r lladd, wnaeth Larry ddim troi ei gefn ar y ddinas. Pam hynny? Er ei ganmoliaeth i Belfast, gallasai'n hawdd fod wedi dewis byw rywle arall. Ond Belfast oedd cynefin ei deulu. Iddyn nhw, hon oedd y ddinas orau yn y byd. 'Cyw a fegir yn uffern, yn uffern y myn fod,' meddai'r ddihareb.

Wrth i Glyn gerdded ar hyd Great Victoria Street, penderfynodd bicio i mewn i westy'r Europa – y gwesty, o blith holl westai Ewrop, a fomiwyd fwyaf aml, meddan nhw– i holi am fap ar gyfer ymwelwyr. Cyn iddo ddechrau dringo'r grisiau at brif fynedfa'r gwesty enwog, daw dyn ifanc mewn gwisg drwsiadus tuag ato a gofyn, 'Would you like a ticket to see the city, sir?' Gan iddo gael budd o deithiau tywys yng Nghaeredin a Berlin, estynnodd am y Mastercard. Ond na, rhaid talu gydag arian parod. Iawn. Dilyn y dyn ifanc sy'n ei arwain am ychydig lathenni at fws bach sydd â'r swyddogaeth o gludo cwsmeriaid yr Europa at y prif fws Esgyn a Disgyn. Sylwa Glyn fod dau oedolyn arall yn eistedd yng nghefn y bws. Golwg eiddgar ar eu hwynebau dwyreiniol, eu camerâu lensys-hir yn barod i'w defnyddio ar y cyfle cyntaf.

A'r bws yn symud drwy lif y traffig, daeth Neuadd y Ddinas i'r golwg. Roedd baner Jac yr Undeb yn cyhwfan ar ben polyn o flaen yr adeilad hwnnw, a chododd y ddau ymwelydd o'r dwyrain ar eu traed yn gyflym fel pe baent am saliwtio, gan glicio'u camerâu i ddal yr olygfa.

Wedi cyrraedd y canol roedd yn rhaid anelu at y bws cyntaf oedd yn disgwyl gerllaw. Bws lliw du oedd hwn. Camodd Glyn tuag ato a dangos ei docyn i'r gyrrwr. Edrych yn dosturiol arno wnaeth hwnnw.

'Wrong ticket, mate.'

'Why?'

'Look over there. There's your man. That them o'er there are Protestants, see. We're the opposition 'ere.'

Mae'n gwawrio'n sydyn ar Glyn mai tocyn ar gyfer un o fysiau'r Protestaniaid sydd ganddo. Mae gan y Catholigion fflyd o fysys sgleiniog, ac mae'r rheini'n llifo heibio bob dau neu dri munud. Ond does dim golwg o fws fydd yn derbyn ei docyn ef.

Fel petai'n synhwyro o bell anesmwythyd Glyn, daeth un o'r gwerthwyr tocynnau a welodd o flaen gwesty'r Europa tuag ato.

'No worries, son. Your bus is on its way.'

Ar y gair cyrhaeddodd y bws deulawr cywir a stopio o'i flaen. Wedi dringo'r grisiau eisteddodd Glyn yn y sedd flaen i allu gweld yr olygfa'n well. Daeth eraill i mewn ac eistedd y tu ôl iddo. Wrth i'r bws ddechrau symud, sylweddolodd Glyn fod dynes wedi dewis y sedd wrth ei ymyl. Gwisgai gôt laes oedd yn glynu wrth siâp ei chorff. Doedd dim modd iddo weld ei hwyneb gan fod ei gwallt yn gorchuddio'i hanner. Yna, wrth iddi droi ei phen a'i led-gydnabod gyda hanner gwên, fe welodd Glyn y graith oedd yn ymestyn rhwng gwaelod ei chlust dde a'i gên. Hi oedd yr un a welodd yn gynharach wrth ddod allan o'r siop lyfrau ar Botanic Avenue. Beth ddaeth â hi yma? Pam oedd hi wedi dewis eistedd wrth ei ymyl?

Unwaith roedd y bws wedi symud allan i ganol llif y traffig, clywid llais y wraig oedd yn gyrru yn hysbysu'r teithwyr mai taith awr oedd hon. Drwy wisgo'r clustffonau roedd modd iddyn nhw glywed ei disgrifiad hi o bopeth o bwys a welid ar y daith. Yn syth bìn daeth llif o wybodaeth i'w clustiau am adeiladau a phobl, a ffeithiau o bob math am y plethwaith unigryw sy'n nodweddu Belfast.

Dyna'r crenau mawr Harland and Wolff, neu *Samson and Goliath* ar lafar gwlad. A dyna'r Titanic Quarter sgleiniog sy'n rhoi cyfle i ail-fyw trychineb suddo'r *RMS Titanic* yng ngogledd Cefnfor Iwerydd ar 15 Ebrill 1912. Cafodd 1,500 o bobl eu lladd yn y trychineb, ac yma y cafodd y llong foethus ac ansuddadwy ei hadeiladu. Ar ôl i'w hysgerbwd trist gael ei ddarganfod ar waelod y môr yn 1985, cynyddodd y diddordeb yn ei hanes.

Parablai'r tywysydd yn ddi-baid wrth iddi yrru'r bws i gyfeiriad Stormont, yna heibio i rai o'r murluniau milwrol ac ambell ddarn o'r Wal Heddwch cyn symud yn araf drwy draffig Shankhill a Falls Road. Wrth i'r bws sefyll a disgwyl i oleuadau traffig newid o goch i wyrdd, sylwa Glyn ar stryd fechan, *cul-de-sac* o bosib, sy'n ymuno â'r briffordd. Yno fe wêl ddau gar plismyn, eu sgwariau melyn a glas yn amlwg, a pheiriant gwyn ar olwynion bach yn synhwyro'i lwybr fel Droid o *Star Wars* o gwmpas y ceir. O syllu ar y fraich wen a'r llygaid electronig, mae'n amlwg mai dyfais dadffiwsio bom ydi'r robot hwn. Mae symudiadau gochelgar y ddau blismon, sy'n cuddio tu ôl i brifet gardd gyfagos, yn ategu natur eu gorchwyl.

'And now, the Queen's Quarter.'

Mynd rhagddi i barablu am hanes rhan nesaf y daith a wna'r fenyw, gan ddewis peidio â thynnu sylw'r ymwelwyr ar y bws at yr argyfwng diogelwch sy'n digwydd gerllaw.

Wrth iddyn nhw agosáu at y Brifysgol a'r Gerddi Botanegol, dechreuodd rannu un o'i jôcs am yr Helbulon. Ar y pwynt hwn yn y daith, fel petai i anwybyddu'r jôc greulon, mae'r ddynes â'r graith ar ei hwyneb yn troi at Glyn ac yn ei gyfarch yn Gymraeg, 'Dy'n ni bron yn ôl yn y man cychwyn. Wyt ti wedi mwynhau'r daith?'

Roedd syndod Glyn yn amlwg yn ei lygaid. 'Sut gwyddost ti 'mod i'n siarad Cymraeg?'

'Mi glywais i ti'n siarad Cymraeg yn nrws caffi Ross.'

Syllodd Glyn ar ei gwallt hir, ei chôt ffasiynol a'i hystum soffistigedig. Pwy oedd hon oedd mor barod i ddefnyddio'r 'ti'? Gallai yntau fod yr un mor hy.

'Wyt ti'n byw yma?'

'Ydw. Be amdanat ti?'

'Ymwelydd, wedi dod yma i gynhadledd.'

'Yr Uwchgynhadledd?'

'Ia. Paid â deud mai newyddiadura wyt titha.'

Gwenodd y ddynes a sylwodd Glyn fod ei hwyneb yn brydferth er gwaetha'r graith.

'Rydan ni'n ôl yn y canol. Beth am goffi?'

'Syniad da.'

Cerddodd y ddau allan o'r bws ac i ganol y llif o bobl ar y Stryd Fawr. Yn y man, wrth iddyn nhw eistedd gyferbyn â'i gilydd yn y National Grande Café, gofynnodd Glyn beth oedd ei henw.

'Lydia. A'th enw di?'

'Glyn. Ers pryd wyt ti'n byw yma, Lydia?'

'Mi ddaeth 'y nheulu yma i fyw yn y 1980au. Roedd 'y nhad yn gweithio efo'r Gwasanaeth Sifil. Colli ei waith yng Nghymru. Cael gwaith yma. Ei gamgymeriad mawr, meddai, oedd disgwyl gormod oddi wrth Gymru.'

'Be ydi dy waith di?'

'Rhyw lun o ddarlithydd, ym Mhrifysgol Queens. Cyn iti ofyn, yn yr Ysgol Seicoleg.'

'Wyt ti'n mwynhau'r gwaith?'

'Ydw. Mae darlithio'n ail natur i mi erbyn hyn. A dwi'n mwynhau goruchwylio gwaith ymchwil.'

'Sut fath o ymchwil ...' Cyn i Glyn orffen ei frawddeg, roedd Lydia, yn annisgwyl iddo, wedi sefyll ar ei thraed. 'Esgusoda fi.'

Am eiliad tybiai Glyn ei bod am gerdded allan o'r caffi. Ond na, mynd i'r stafell ymolchi wnaeth hi. Pan ddaeth yn ôl at y bwrdd, ymddiheurodd am ei diflaniad sydyn. 'Hen wendid,' eglurodd. 'Mi ddigwyddodd ar ôl y ffrwydrad.'

'Ffrwydrad?'

'Yr un a laddodd 'y nhad.'

Distawrwydd. Syllodd Glyn ar ei gwpan wag. 'Mae'n ddrwg gen i ...'

'Does dim disgwyl i ti wybod.' Gwyrodd ymlaen ac edrych i

fyw llygaid Glyn. 'Coelia fi, ma' 'na lawer ohonon ni yn y ddinas 'ma.'

'Dwi'm yn dallt.'

'Pobol fel fi sydd â hyn wedi digwydd iddyn nhw.'

Cododd Lydia fynegfys ei llaw dde a'i osod ar waelod y graith. Ceisiodd Glyn osgoi rhythu.

'Craith amlwg ydi hon. Wedi bod ar fy wyneb i ers ffrwydrad La Mon.'

Cofiodd Glyn iddo gael pryd o fwyd yn La Mon – gwesty a bwyty poblogaidd – pan ymwelodd â Belfast ddwy flynedd yn ôl. Cofiai Lydia'r lle fel yr oedd yn yr hen ddyddiau cyn y bomio a chyn i'r lle gael ei foderneiddio'n llwyr.

'Ro'n i'n ifanc ar y pryd, yn mwynhau noson wobrwyo. Roedd 'na bedwar cant a hanner o bobol yn y gwesty pan ffrwydrodd y bom. Pelen fawr o dân. Mi gafodd deuddeg o bobol eu lladd, tri deg eu hanafu a'u creithio. Hon ydi'r graith amlwg ... Does dim disgwyl iti ddeall.'

'Wyt ti'n deall?'

'Nac ydw. Pan mae pobol yn troi at ladd, pwy fedrith ddeall peth felly?'

Trodd Lydia ei llaw nes bod ei chledr agored fel petai'n gwahodd ateb i'w chwestiwn.

'Ydi dy waith di'n help iti ddeall?'

'Dim ond i raddau. Dyna pam yr es i i'r maes.'

'I chwilio am atebion?'

'A chael ambell un.'

Unwaith eto daeth distawrwydd yn ymwelydd slei i'w sgwrs. Sylwodd Glyn ar y bobl o'i gwmpas. Pobl debyg i werin trefi bach Cymru, yn llawn sgwrs a mân ddiddordebau eu byw bob dydd yn y dref neu'r ardaloedd gwledig. Fel petai hi'n darllen ei feddyliau, meddai Lydia, 'Digon cyffredin yr olwg, yn tydyn? Ond mae'n anodd i neb ddychmygu be sydd yn eu meddylia nhw.'

'Rwyt ti'n sôn am yr Helbulon.'

'Taw piau hi. Rhwng y llinella y cei di'r gwir.'

'Mae'r lladd gwaetha drosodd.'

'Ond 'dan ni'n dal i fyw efo'r canlyniada.'

'Canlyniada?'

Cyn iddi ei ateb, gallai Glyn weld un crych ar groen ei thalcen yn crynu.

'Ofn. Wyddost ti be ydi hwnnw?'

'Pawb wedi profi ofn rywbryd.'

'Dwi'n sôn am ofn go iawn. Sy'n rhan ohonot ti. Yn gwrthod cilio.'

'Mi ddaru ti golli tad ...'

'Tridia cyn y Pasg oedd hi. Ro'n i'n saith oed ac yn edrych mlaen at weld modryb o Gymru oedd bob tro'n dod draw i roi wy Pasg i mi. 'Nhad yn sefyll wrth y ffenest. Yn disgwyl i'w chwaer gyrraedd. Ac yn sydyn mi glywson ni glec ac mi welais i dwll yn y ffenest. Mi syrthiodd Dad i'r llawr. Gorwedd ar y carped. Mi blygais i lawr ... gwaed yn pwmpio o'i ben o.'

'Be ddigwyddodd wedyn?'

'Aros efo fo wrth iddo fo drio anadlu. Sŵn ... sŵn garglo'n dod o'i wddw. Fasa diod o ddŵr yn help? Ddaru o ddim ateb.'

'Ac wedyn?'

'Wedyn mi glywis i lot o sŵn y tu allan. Sŵn ceir ... drysa ceir ... sŵn traed yn rhedeg. Daeth dynas mewn gwisg plismon i mewn a rhoi ei llaw ar f'ysgwydd i. Ac mi ddwedais i wrthi fod Dad yn llonydd. Yn gwrthod siarad.' Plygodd Lydia ei phen a gosod ei dwylo dros ei llygaid. Yna edrychodd ar Glyn a sibrwd, 'Methu anghofio.'

Rhoddodd Glyn ei law dros law dde Lydia fel petai i'w chysuro. Tynnodd hithau ei llaw ymaith. 'Dwi ddim isio cydymdeimlad. Trio deall ydw i.'

'Oes modd deall peth mor ffiaidd?'

'Ers blynyddoedd, dwi'n trio deall.'

'Be ydi'r ateb?'

'Cyn cael ateb, rhaid deall be ydi gwir gyflwr y bobol.'

'Fedri di esbonio'n llawnach?'

'Sbia o dy gwmpas. Be weli di?'

'Pobol yn sgwrsio.'

'Ia. Yn trio byw'n normal. Pan gei di gyfle, sbia i mewn i'w llygaid nhw. Fel y gwnes i sawl tro.'

'Be welaist ti, Lydia?'

'Dychryn. Pryder. Caledwch. Fel y dwedodd Yeats, "Too much sacrifice makes a stone of the heart".'

'Wyt ti'n sôn am bryderon sy'n arwain at salwch meddwl?'

'Ydw. Anhwylder pryder ôl-drawmatig. PTSD – Post-Traumatic Stress Disorder. Cymdeithas mewn PTSD ydi hon. Pobol yn cofio. Yn methu anghofio. Ac weithia'n gweld y llofruddion yn eu mysg. Ddoe ddiwetha ym Marchnad San Siôr mi welais i ddyn mewn côt ddu. Golwg brysur arno fo. Golwg dyn ar frys. Wrth iddo fo gerdded allan drwy'r drws i May Street, mi glywais i fachgen oedd yn gwerthu dillad yn sibrwd wrth gyd-weithiwr, "Do you know who he is? He's one of 'em that left the bomb on the meat hook in La Mon." Ac yn yr eiliad honno mi wyddwn i ... ym mêr f'esgyrn mi wyddwn ...'

'Be sy'n medru helpu pobol wedi'r trawma i gyd?' gofynnodd Glyn wedi rhai munudau o ddistawrwydd.

'Yn ôl rhai, mae eu ffydd yn cynnig ateb. Yn ôl rhai eraill, dim ond gwleidyddiaeth sy'n gallu rhoi ateb teg. Dwi'n credu bod gan seiciatreg rôl fawr i'w chwarae. Ac amser ydi'r meddyg gorau, medd eraill. Fe gymer genedlaethau, meddan nhw. Ond y gwir ydi bod angen cyfuniad o'r cwbwl i roi ateb llawn. Fedrwn ni ddim dal ati i fyw mewn swigen. Mae'n rhaid inni fyw gyda'n gilydd. Yn bobol sy'n parchu'n gilydd.'

'O leia mae 'na heddwch yma ar hyn o bryd.'

'A diolch i bawb a weithiodd i wneud heddwch yn bosib. Ond cofia fod Brexit ar y gorwel. Mi allai hwnnw danseilio'r cwbwl.'

Cofiodd Glyn yn sydyn am yr wythdegau yng Nghymru. Pan

oedd yr Helyntion yn eu hanterth yng Ngogledd Iwerddon, faint o sylw a roddodd o a'i gydnabod i'r holl dywallt gwaed? Doedd dim rhaid iddyn nhw boeni gan mai pethau eraill oedd yn hawlio eu sylw nhw. Doedd gwewyr cymdogion dros y dŵr ddim yn achosi eiliad o golli cwsg iddyn nhw, er bod y bobl hynny – oedd yn byw mor agos at Gymru – yn perthyn i'r un drefn wleidyddol, i'r un wladwriaeth. Ai swigen oedd Cymru hefyd?

Gwyddai'r ddau ei bod yn bryd i'w sgwrs ddod i ben. Os oedden nhw wedi dechrau siarad ar wastad dyfnach na'r cyffredin, profiad byrhoedlog oedd hwnnw. Roedd y ddau'n perthyn i ddwy gymuned fu'n gymdogion i'w gilydd ers cenedlaethau, ers dyddiau'r Mabinogi. Ond o ran deall ei gilydd yn llawn, roedd ganddyn nhw bont eto i'w chroesi. Ond go brin, meddyliodd Glyn, y byddai'r Uwchgynhadledd yfory yn gallu rhoi cystal goleuni iddo â'i sgyrsiau gonest gyda Larry a Lydia.

Cerddodd y ddau allan drwy ddrws y caffi. Gwibiai ceir drudfawr ar hyd y Stryd Fawr.

'Diolch i ti am y sgwrs,' meddai Glyn.

'A diolch i ti.'

'Gawn ni weld ein gilydd eto?'

Gwibiodd llygaid Lydia fel petai'n ofni ateb. Caeodd fotymau uchaf ei chôt. Am eiliad tybiodd Glyn ei bod am estyn am gerdyn busnes o boced gesail ei chôt a rhoi ei manylion cyswllt iddo. Ond na. Daeth cyfuniad o oleuadau traffig y cyfnos a chysgodion yr hwyr i guddio ei thalcen wrth iddi droi, heb ateb, a cherdded ymaith.

Yfory

Eisteddai Ben ar wely haul ar bedwerydd dec *The World*. Yn wahanol i'r torheulwyr o'i gwmpas yn eu dillad nofio, gwisgai grys glas a throwsus bach. Bob hyn a hyn tynnai hances o boced chwith y trowsus i sychu'r chwys oddi ar ei war a'i dalcen. Gallai arogli'r eli haul a sgleiniai ar y cyrff ar hyd y dec.

Ar y gwely haul agosaf ato, gorweddai menyw â dwy fodrwy aur ar fysedd ei llaw dde. Yn ei llaw arall roedd Kindle Fire mewn cas pinc ac arno luniau gloÿnnod byw. Codai ei phen weithiau i daflu edrychiad hamddenol dros weithgareddau'r dec. Yn y rhes nesaf gorweddai dwy fenyw arall, eu hysgwyddau'n crynu. Chwarddai'r ddwy wrth sgwrsio gyda'r ddau ddyn ifanc a orweddai rhyngddynt. Soniai un, wrth iddi astudio ewinedd coch ei thraed, am Jalapeno Martini, ac edrychai'r llall ar y cownter diodydd gerllaw.

Anadlodd Ben yn ddwfn a chododd ei lygaid i syllu ar yr awyr uwchben. Er na châi'r haul rwydd hynt i grasu croen y torheulwyr, roedd ei bresenoldeb yn ddigon cryf i atgoffa Ben ei fod ef a'i gyd-deithwyr, ar ddiwrnod olaf eu hegwyl yma ym mhorthladd Gran Canaria, yn ddigon agos at y cyhydedd i fwynhau gwres ei belydrau, ac yn ddigon pell i allu osgoi ei effeithiau mwyaf tanbaid. Y fantais fwyaf o fod yma, wrth gwrs, oedd bod mil a saith cant o filltiroedd rhyngddyn nhw a Chymru.

Ochneidiodd Ben gan feddwl am ei ddihangfa. Lle cynt yng ngwledydd Prydain y ceid afonydd yn gorlifo'u glannau ambell dro yn ystod y tymhorau gwlypaf, bellach roedd y llynnoedd lleidiog yn nodwedd barhaol. A lle bu rhai'n ddigon anffodus i gael eu perswadio i brynu cartrefi ar orlifdir afonydd, bellach roedd nifer o'r tai hynny wedi'u hawlio gan y llif. Wrth gwrs, roedd llawer o gyn-drigolion yr ardaloedd arfordirol bellach wedi dianc o'r mannau hynny – beth arall wnaen nhw, a holl dirlun y Deyrnas Unedig wedi'i drawsnewid yn llwyr o'i gymharu â'r hyn ydoedd cyn y Storm Fawr.

Mor ddedwydd eu byd oedden nhw, meddyliodd Ben, cyn y 'digwyddiad hinsoddol cataclysmig', chwedl y Swyddfa Dywydd. Cofiai, gydag ochenaid ddistaw, am ei ffordd o fyw cyn y tro ar fyd.

Ni allai neb wadu na chafodd yrfa ddifyr ym myd y marchnadoedd arian. Cafodd ei gyflwyno'n gynnar i'r byd hwnnw, ond ar ôl iddo symud i fyw i Drefynwy y dysgodd rai o egwyddorion llai hysbys buddsoddi proffidiol. A chan ei fod yn byw bywyd syml, digymar a di-blant, gallai fentro rhoi cyfran helaeth o'i gyflog ar waith gyda chymorth brocer stoc gwybodus. Canmolai ei hun am fuddsoddi'n ddoeth, gan brynu'n hyderus pan oedd y farchnad yn isel a gwerthu'r cyfranddaliadau ar yr adegau iawn. Erbyn canol ei dridegau roedd yn weddol gyfforddus ei amgylchiadau, ac yn wir, erbyn hyn, ac yntau'n 48 oed, doedd o ddim yn brin o geiniog neu ddwy.

Wrth iddo edrych yn ôl dros droeon yr yrfa, teimlai Ben yn falch o'i gynnydd graddol ond sicr cyn y trychineb. Mor fach a dibwys oedd unrhyw ofalon cyn hynny. Fel blynyddoedd balmaidd yr Oes Edwardaidd ar drothwy'r Rhyfel Byd Cyntaf, cyn y rhyferthwy diweddar, meddyliodd, rhywbeth a ddigwyddai i bobl eraill oedd digwyddiad dinistriol fel tswnami neu deiffŵn. Doedd neb yn gwadu na chafwyd tywydd digon annifyr yng ngwledydd Prydain o bryd i'w gilydd, ond chwarae plant oedd hynny o'i gymharu â'r Storm Fawr. Yn sydyn y daeth hi, ond nid yn ddirybudd. Roedd uwch-swyddogion y Swyddfa Dywydd ac arbenigwyr hinsawdd yr Unol Daleithiau wedi bod wrthi'n darogan ers nifer o flynyddoedd. Ond rhywsut roedd y rhybuddion, at ei gilydd, wedi syrthio ar glustiau byddar.

'Diod, syr?' Safai'r gweinydd wrth ymyl y gwely haul, ei hambwrdd crwn yn gorwedd ar gledr ei law chwith.

'Diolch,' atebodd Ben.

Tywalltodd y gweinydd rwm Optimum o botel i wydr hir ac estyn y gwydr hwnnw i Ben.

Dychwelodd at ei fyfyrdod. Cofiai'r bwletinau newyddion ar sianelau pedair awr ar hugain y gorsafoedd teledu. Mor ddeallus eu gwedd oedd y darllenwyr newyddion. Mor drwsiadus eu gwisg ac mor ddisgybledig eu hiaith a'u goslef. Serch hynny, gwawriodd y dydd pan gerddodd y blaidd drwy ddrws y palas. Ac ar sgrin fawr ei deledu gwelodd Ben y ffrydlif yn dylifo i mewn i stiwdio canolfan ddarlledu y BBC yn Llundain a'r fenyw brydferth a oedd wrthi'n darllen y newyddion yn sgrechian, codi ar ei thraed a rhedeg am ei bywyd.

Cyn y Storm Fawr roedd y bwletinau newyddion, pa mor ddifrifol bynnag oedd y materion dan sylw ar y pryd, wedi creu'r argraff fod y cyfan dan reolaeth, mai gwylwyr yn cael eu diddanu gan stribed amrywiol y 'storïau' pell ac agos oedd o flaen y sgrin, nid darpar-drueiniaid a oedd, yn y foment dyngedfennol, mor agored â thrigolion traethau Cefnfor India i hysteria ysbeidiol y fam ddaear. A theimlai Ben yn gynnes a chlyd pan orweddai ar ei soffa yn ei lolfa, o dan y cwrlid Missoni Home, yn gwylio'r llanast. Gwyddai bryd hynny na fyddai'r gwynt a'r tonnau'n beiddio dangos eu dannedd ar gyfyl ei gynefin ef. Mater arall, wrth gwrs, oedd clywed y corwynt yn rhuo wrth y drws cefn a mater arall oedd rhythu'n anghrediniol drwy lenni'r ffenest ffrynt a gweld ei gynefin tawel wedi'i drawsnewid yn afon rymus oedd yn mynnu gadael ei cherdyn galw ym mhob cartref yn y stryd.

Dyna pryd yr aeth Ben i nôl y cas Tumi a gadwai o dan ei

wely. Cas glas y gellid ei ymestyn oedd hwnnw. Mewn dwy o'r pocedi mewnol roedd casgliad dethol o ddillad a phethau ymolchi. Roedd gweddill y cas yn llawn hyd yr ymylon o arian papur mewn bagiau plastig.

Â'r cas yn drybowndian i lawr y grisiau ar ei ôl, rhuthrodd tuag at y drws ffrynt a'i agor. Camu allan o'r tŷ. Clywed rhu'r dymestl yn clepian o'i gwmpas a theimlo'i hanadl yn pwyo'i gorff. Sgrechian pobl a phlant. Gweld drwy gil ei lygaid y gwellt ar ei sgwâr o lawnt yn cael ei sgubo i'r un cyfeiriad fel gwymon gan rym y dŵr. Ar y palmant o flaen ei dŷ roedd ei hoff goeden yn y stryd yn chwifio'i changhennau fel arweinydd gorffwyll o flaen cerddorfa o wallgofiaid. Sŵn llechi'n disgyn a malu'n yfflon. Sŵn ffenestri'n torri. Diolch byth ei fod wedi gadael y Bentley yn y stryd nesaf oedd ar fymryn o godiad tir. Ymlusgo â'i gas drwy'r dylif.

'Help! Help!'

Plentyn oedd yn gweiddi, crwt bach yn gorwedd yn llonydd mewn pwll o ddŵr yng nghanol y stryd. Prysurodd Ben at ei nod. Bustachu cerdded, hanner cropian, a'r gwynt yn gwthio yn ei erbyn gan ubain ei ddig. Cyrraedd y car. Lluchio'r cas i'r gist. Agor drws y gyrrwr a gweld y dŵr yn dechrau hawlio'i le o dan y seddi. Tanio'r injan gan ofni'r gwaethaf. Un pesychiad o brotest ac yna'r grwndi hyfryd. Dewis ei lwybr arferol i gyfeiriad maes awyr y Rhws. Wrth i'w droed wasgu ar y sbardun, gwelodd fod torf o'i gyd-ffoaduriaid yn gwneud yr un peth ag ef. Yng ngafael panig llwyr roedden nhw hefyd â'u bryd ar ddianc.

Wrth gofio'r cyfan yn awr, sylweddolai Ben mai ei hediad ef y diwrnod hwnnw oedd un o'r rhai olaf, onid yr olaf un, i adael y maes awyr. Sylweddolodd Llywodraeth Prydain, ar ôl cyfarfod brys Swyddfa'r Cabinet, fod rhuthr ymfudo ar fin torri, ac mewn ymdrech munud olaf i atal anhrefn, penderfynwyd dan fesurau argyfwng bod yn rhaid cau'r meysydd awyr i gyd. 'Aros wna'r dewr' oedd mantra'r awr. Gwelid y geiriau ar bob sgrin oedd yn dal i weithio. Doedd mintai'r dewrion, wrth gwrs, ddim yn cynnwys y rhai mwyaf eu grym a'u waledi.

'Diod arall, syr?'

'Dim diolch.'

Sylwodd Ben eto ar gyrff ei gyd-deithwyr yn mwynhau'r haul. Mor foethus oedd bywyd pawb ar fwrdd *The World*. Mewn gwirionedd, nid cyd-deithwyr yn unig oedden nhw ond cydberchnogion hefyd. Y nhw i gyd, gyda'i gilydd, oedd meistri a pherchnogion y llong arbennig hon. Fel Ben, roedd pob un ohonyn nhw wedi meithrin digon o gyfalaf i brynu ei fflat. Roedd yn y llong bopeth y gallai dyn neu fenyw deimlo'r mymryn lleiaf o angen amdano: y bwyd gorau o sawl gwlad a dewis eang o ddiodydd; amgylchedd diogel a chyfforddus; cwmni diddan; swyddogion diogelwch o'r radd flaenaf; gofal meddygol heb ei ail; siopau dillad; sinemâu a sianeli radio a theledu o'r gwledydd hyfyw; llyfrgell; baddondai; pyllau nofio; theatrau a chwaraeon; cyfrifiaduron; ystafelloedd cyfathrebu.

Felly, i bobl freintiedig fel ef, roedd *The World* yn gartref symudol a gynigiai bopeth. Yn fwy na dim, wrth gwrs, rhoddai warant o bellter rhag pob siom a dadrith. Ar fwrdd y llong unigryw hon doedd dim posib iddo ddal ati i boeni am ei hen fywyd a'i helbulon.

Eto roedd ambell atgof yn pigo. Er enghraifft, dyna'r lleisiau – y geiriau a'r alawon oedd yn mynnu adleisio, ar yr adegau mwyaf annisgwyl, yng nghragen y cof. Un o bleserau mawr Ben dros nifer o flynyddoedd fu canu ar nosweithiau Iau gyda Chôr Meibion Trefynwy. Roedd y *repertoire* yn cynnwys emynau ac ariâu o operâu a chaneuon gwerin, ac arferai yntau gael blas arbennig ar ganu 'Benedictus' gan y Cymro o Ben-clawdd, Karl Jenkins. Go brin y câi'r fraint honno eto.

Sylwodd Ben yn sydyn ar aderyn bach oedd newydd lanio ar ganllaw grisiau a arweiniai at y pumed dec. Ei blu yn wlyb a lliwgar, symudai'n ôl ac ymlaen gan droi ei ben yn gyflym a nerfus fel petai wedi colli'i le. Gwenodd Ben. Nid cyw ar goll o'i nyth oedd Ben, ond oedolyn annibynnol oedd wedi dewis ei lwybr.

Ac yntau'n teimlo'n swrth a'i lygaid yn dechrau cau, sylwodd Ben fod y fenyw â dwy fodrwy aur yn codi ar ei thraed. Dros ei braich chwith hongiai tywel mawr glas. A dyma hi, yn awr, yn sefyll o'i flaen gan edrych arno dros rimyn ei sbectol haul Ray-Ban. 'Esgusodwch fi,' meddai mewn Cymraeg soniarus oedd â thinc o acen y Rhos, 'yden ni wedi cyfarfod o'r blaen?'

Cododd Ben ar ei eistedd a chlywodd ei hun yn ateb yn syn, 'Pam roeddech chi'n meddwl 'mod i'n siarad Cymraeg?'

'Doeddwn i ddim. Ond ro'n i, wyddoch chi, mor siŵr 'mod i wedi'ch gweld chi o'r blaen – a hynny rywle yng Nghymru – wel, neno'r annwyl, meddwn i wrthyf fy hun, mi fentra i ofyn iddo, a gofyn yn Gymraeg hefyd.'

'Da iawn chi,' meddai Ben yn fawrfrydig gan feddwl tybed a oedd hi bob amser mor siaradus â hyn. 'Eisteddwch. Mae'n braf cael sgwrsio efo rhywun o'r hen wlad.'

'Elen ydw i,' meddai hi, gan eistedd ar gadair blygu.

'A Ben ydw innau.'

Ar ôl ysgwyd llaw yn gyflym, meddai Elen, 'Dwi'n trio cofio ble gwelais i chi o'r blaen.'

'Un o ble ydych chi?'

'Un o bobol y Rhos ydw i.' Gwenodd yn falch. 'Rhosllannerchrugog.'

'Hwyrach 'mod i wedi'ch gweld chi yng Nghaer. Ro'n i'n arfer mynd yno weithia.'

'Dwi'm yn cofio'ch gweld chi fan'no. Tybed ...'

'Oeddech chi'n arfer dod i lawr i Gaerdydd weithia?'

Anwybyddodd ei gwestiwn. 'Ydych chi'n canu mewn côr?' Yn sydyn roedd cywair ei llais fymryn yn uwch fel petai'n synhwyro trywydd addawol.

'Mi *oeddwn* i'n canu mewn côr cyn ... cyn y Storm Fawr.'

'Ble oeddech chi'n canu?'

'Pob math o lefydd, ar hyd a lled Cymru.'

'Fuoch chi'n canu yn Nyffryn Clwyd?'

'Do. Dwi'n cofio i ni ganu mewn cyngerdd Nadolig yn Rhuthun.'

'Pryd?'

'Gadewch imi feddwl – tua dwy flynedd yn ôl.'

'Be' oedd enw'r côr?'

'Côr Meibion Trefynwy.'

'Roeddwn i yn y gynulleidfa!' Gwenodd Elen, ei dannedd gwyn yn sgleinio rhwng ei gwefusau prydferth.

'Cynulleidfa werthfawrogol, os cofia i'n iawn.'

'Côr da, oedd yn wir, un da dros ben. Dwi'n cofio lleisie'r baswyr, yn arbennig. Ond roeddech chi i gyd yn canu o'i hochor hi.'

Chwarddodd y ddau.

'Peth rhyfedd, yntê,' meddai Elen, 'inni gyfarfod fel hyn.'

Heb ddisgwyl am ei ateb, cododd ar ei thraed a dechrau cerdded i gyfeiriad ei ffrindiau ar y dec. Ni allai Ben beidio â sylwi ar osgo gosgeiddig ei chorff tal a sigl ei cherddediad esmwyth.

Gan symud ei wegil i safle mwy cyfforddus, syllodd Ben ar yr awyr las a'r cymylau uchel, a meddyliodd mai *The World*, o bosib, fyddai ei gartref hirdymor. Cyn yr hwyr byddai'r criw yn codi angor. Oherwydd ystyriaethau diogelwch, doedden nhw byth yn aros am fwy na thridiau yn yr un porthladd. Doedd tîm rheoli *The World* ddim mor wirion ag y tybiai rhai. Er mor effeithiol ac effeithlon oedd y trefniadau diogelwch a'r systemau gwrthymosodiad, roedden nhw'n gwybod nad *The World* oedd yr unig long a deithiai'r moroedd a bod cyfoeth eu byd yn hysbys. Gwyddai'r tîm rheoli hefyd fod rhai gwledydd yn lleoedd i'w hosgoi. Felly, er manteision y llong, roedd hithau'n gorfod hwylio, weithiau, o dan faner ansicrwydd. Ond, meddai Ben wrtho'i hun, roedd eu cynlluniau goroesi'n rhai cwbl gadarn.

Cyn i gwsg ei oddiweddyd, cofiodd yn sydyn am Elen a'i hacen rywiol. Yna, yr un mor ddigymell, llifodd geiriau a delweddau drwy ei ymennydd fel adleisiau cyfarwydd ond dieithr ym mhen draw ogof ar draeth ei ieuenctid. Geiriau a delweddau oedden nhw yn llawn o'r pleserau a arferai nodweddu tiriogaeth goll ei orffennol. Pa sylwedd a pha ddyfodol oedd i'r diriogaeth honno bellach? Meddyliodd Ben am y cysuron yr arferai eu cael yn rhai o'i hoff lecynnau. Roedden nhw yno o hyd, mae'n siŵr, y cysuron – yn rhai, o leiaf, o'r ynysoedd oedd yn arfer bod yn gartref a gwlad.

Ymweliad

Wedi traffig Gabalfa roedd caeau Llandaf yn dawel a llonydd a blagur y coed yn ddafnau gludiog ar balet y bore. Cerddodd Marc yn ei flaen ar hyd Heol y Gadeirlan. Yma eto roedd y ddinas yn codi gêr. Croesodd y bont gerdded dros ddŵr tywyll afon Taf a cherdded yn ei flaen drwy erddi'r castell. Gyda hyn gwelai adeiladau gwyn y Ganolfan Ddinesig yn sgleinio o'i flaen.

Teimlai ias wrth iddo agosáu at yr Amgueddfa Genedlaethol. Dringo'r grisiau at y brif fynedfa. I mewn drwy'r drws allanol a'r drws mewnol. Yn y neuadd groeso, ar gardfwrdd mawr gwyn a safai o'i flaen, darllenodd y geiriau 'Leonardo da Vinci: Dyn y Darluniau. 1 Chwefror – 6 Mai 2019'.

Holodd Marc y swyddog agosaf a phwyntiodd hwnnw at y siop. Talu £4 am docyn a deall y byddai'n rhaid iddo ddisgwyl am hanner awr cyn y câi ymuno â'r criw nesaf i weld darluniau Leonardo. I lenwi'r amser, penderfynodd fynd i weld rhai o'r gweithiau a roddwyd i'r Amgueddfa gan y chwiorydd Davies.

Gofynnodd i swyddog yn y neuadd groeso, 'Ydi'r daith i weld casgliad y chwiorydd wedi dechrau?'

'Ydi,' atebodd hwnnw. 'Ewch i fyny'r grisiau acw, yna trowch i'r dde.'

Llamodd Marc i fyny'r grisiau llydan, troi i'r dde ac ymuno â'r fintai fach oedd yn gwrando ar dywysydd yn siarad am gefndir teuluol y ddwy chwaer, Gwendoline a Margaret.

'Enw eu tad-cu oedd David Davies. Er mai plant oedd y chwiorydd pan fu e farw yn 1890, fe gafodd e ddylanwad mawr ar eu bywyd a'u cyfraniad. Davies oedd un o Gymry mwyaf galluog a mwyaf cyfoethog ei oes.'

'Sut cafodd e ei arian?' gofynnodd gwraig chwilfrydig a safai yn y rhes flaen.

'Peiriannydd oedd e,' atebodd y tywysydd. 'Fe grynhodd e ffortiwn yn ystod oes aur y diwydiant glo. Ef, yn fwy na neb, a wnaeth yn siŵr fod glo y Rhondda yn cyrraedd y llongau ym mhorthladd y Barri. Doedd dim pall ar 'i ddyfeisgarwch a'i gynllunie. Ac ar ei ôl e yr etifeddodd y chwiorydd eu cyfran o ffortiwn y teulu ar eu penblwyddi yn bump ar hugain oed, y naill yn 1907 a'r llall yn 1909.'

Safodd Marc yn y rhes gefn yn clustfeinio ar yr hanes, gan ysu i weld y darluniau. O'r diwedd, daeth ei gyfle. A'r tywysydd wedi gorffen rhannu'r hanes, aeth Marc ar ei union i sefyll o flaen darlun Paul Cézanne *Canol dydd, L'Estaque*. Cofiodd y wefr a gafodd, yn ddeunaw oed cyn iddo fynd i'r coleg, pan welodd y darlun hwn, am y tro cyntaf, mewn llyfr ar hanes yr Argraffiadwyr Ffrengig. Syllodd o'r newydd ar goed gwyrdd y llethrau, ar eu cefndir melyn ac ar gopa glas y mynydd oedd mor ddirgel wahoddgar â llwyfandir y Carneddau neu gopa Cadair Idris. Y rhain oedd hoff liwiau Cézanne, ac yn ei waith gwelai Marc ei ddull o adael ôl ei frwsh a gweithio strwythur a chydbwysedd i'r tirlun. Roedd y cyfan, i Marc heddiw fel i'r Marc ifanc, yn creu awyrgylch hudol.

Penderfynodd adael y tywysydd a'i gynulleidfa a cherdded at gerflun Auguste Rodin, *Y Gusan*. Sylwodd eto, fel y gwnaeth sawl gwaith o'r blaen, ar gyffro cnawd, drwy ddawn yr artist, yn trawsffurfio'r efydd i dynerwch y cariadon, Paolo a Francesca, yn 'Inferno' Dante.

Eisteddodd Marc i syllu ar y cerflun. Beth, tybed, oedd ei apêl i'r chwiorydd? Does bosib nad oeddent yn sylweddoli y byddai gwaith rhywiol o'r fath yn peri tramgwydd i rai o'u cyd-wladwyr? Mae'n rhaid eu bod wedi canfod hefyd fod dehongliad Rodin o gariad Paolo a Francesca yn trosgynnu tramgwydd o'r fath. Cnawd wrth gnawd. Cusan wrth gusan. A oedd y weithred o gariad rhywiol mewn efydd wedi ail-greu ynddyn nhw rywfaint o'u profiad eu hunain neu wedi crynhoi rhywfaint o'u dyheadau? Meddyliodd Marc am eu cefndir crefyddol. Doedden nhw ddim wedi gadael i'r cefndir Anghydffurfiol hwnnw rwystro'u dyhead am harddwch. Mae'n wir eu bod wedi etifeddu ffortiwn eu tad, ond wnaethon nhw ddim gorffwyso ar eu rhwyfau na chuddio'u golau dan lestr. Gyda chymorth y gwas â chwaeth a brynai'r darluniau ar eu rhan, fe roesant eu talent a'u greddf esthetig ar waith, ac roedd Cymru'n gyfoethocach o'r herwydd.

Sylwodd Marc mai yn 1912 y prynwyd y cerflun. Tra oedd y chwiorydd wedi gwario'u cyfoeth ar weithiau celf, roedd llywodraethau eu dydd wedi gwario arian y bobl ar offer dinistr a lladd. Eto nid aros gartref a byw'n ddiogel oedd eu hymateb nhw i'r argyfwng. Fel y bu iddynt fentro'u harian i brynu darluniau a cherfluniau, felly hefyd yn ystod y Rhyfel Mawr fe fynnodd y ddwy roi eu tosturi ar waith drwy weini ar y milwyr clwyfedig.

Caeodd Marc ei lygaid. A gwrando ar y lleisiau o'i gwmpas. Ymhlith yr ymwelwyr roedd rhai'n sgwrsio mewn Ffrangeg. Dychmygai ei fod yn clywed lleisiau'r cariadon yn y cerflun o'i flaen. Agorodd ei lygaid a syllu eto ar yr efydd oer. Mud oedd y ddau gariad ond roedd eu cusan yn fwy huawdl na geiriau'r bobl o gig a gwaed yn yr oriel.

Edrychodd Marc ar ei watsh. Erbyn hyn roedd hi'n chwarter i un ar ddeg ac yn bryd iddo fynd i weld yr arddangosfa o waith Leonardo. Cerddodd heibio i'r swyddog wrth ddrws yr arddangosfa, a eglurodd y câi Marc dynnu lluniau ar yr amod nad oedd yn defnyddio fflach, a phan gyrhaeddodd yr oriel sylwodd fod pawb yno'n siarad yn ddistaw, fel pe baent mewn eglwys gadeiriol. Syllodd Marc ar y gwahanol ddarluniau a darllen yr esboniadau teipiedig. Rhyfeddodd at ddawn wyddonol ac artistig Leonardo a'r ffaith fod y darluniau o'i flaen wedi goroesi, ar bapur, dros bum can mlynedd! Roedden nhw'n brawf, wrth gwrs, o ddiddordebau eang y dyneiddiwr athrylithgar.

Yng nghanol yr ystafell roedd darlun mewn cas gwydr yn dangos y system fasgiwlar y tu mewn i gorff benyw. Closiai hanner dwsin o ymwelwyr o gwmpas y cas, a ffôn symudol pob un yn prysur dynnu lluniau. Gofynnodd Marc i'r swyddog wrth y drws beth oedd i gyfrif am eu diddordeb yn y llun penodol hwn.

'Mae ôl bawd Leonardo i'w weld yma,' meddai'r swyddog.

Closiodd Marc at y gwrthrych. Ar yr olwg gyntaf doedd yr ôl bawd ddim yn ddigon amlwg i rywun allu ei weld â'r llygad noeth, ond gyda chymorth y swyddog fe dynnodd Marc lun o'r union fan yn y darlun. Yna, drwy chwyddo'r llun ar sgrin ei Samsung, gallai weld yr ôl bawd yn glir.

Gallai'n awr werthfawrogi'r diddordeb yn yr ôl bawd. Ymdeimlad tebyg o syndod, siŵr o fod, a gâi pobl wrth weld ôl dwylo ar wal ogof. Er hynny, go brin y byddai neb yn ymddiddori yn ôl bawd Leonardo oni bai am gampweithiau megis Y *Swper Olaf*, *Bedydd Crist* a *Salvator Mundi*.

Ar ôl syllu ar y darluniau eraill yn yr ystafell, teimlai Marc yn sychedig a phenderfynodd fynd at y cownter coffi yn y neuadd groeso.

Ac yntau'n eistedd wrth un o'r byrddau bach ger y cownter, teimlodd gyffyrddiad llaw ar ei ysgwydd ac edrychodd i fyny. Wyneb cyfarwydd ei ffrind, Fflur, oedd yn gwenu i lawr arno. Cododd i'w chyfarch ac yna gofynnodd, 'Hoffet ti baned?'

'Bydde hynny'n hyfryd. Diolch iti.'

'Gwyn neu ddu?'

'Du 'da hanner llwyed o siwgyr, os gweli'n dda.'

Aeth Marc at y cownter i brynu'r coffi. Wedi iddo osod y cwpan o'i blaen, gofynnodd Fflur, 'Be dda'th â ti fan hyn, Marc?'

'Yr arddangosfa o waith Leonardo. Wrth ddisgwyl i fynd i'w

gweld, mi es i i weld ambell drysor o gasgliad y chwiorydd Davies.'

'Whare teg iddyn nhw dd'weda i. Dod yma i ishte mewn pwyllgor wnes i.'

Siaradai Fflur yn gyflym, fel petai'n brwydro yn erbyn y cloc. Cofiodd Marc yn sydyn iddi gael ei hanrhydeddu gan yr Orsedd am ei gwasanaeth gwirfoddol i'w chymuned.

'Llongyfarchiada iti am yr anrhydedd. Fe welais yr hanes ar Newyddion Naw.'

'Diolch.'

'Rwyt ti'n haeddu pob anrhydedd sydd ar gael.'

'Gad dy nonsens. Ro'n i bron â gwrthod. Ond fel 'wedodd ffrind yn y gogledd, "paid â gwrthod dim ond cic".' Chwarddodd Fflur. 'Fe dderbynies i'r cyngor, a derbyn y wisg wen ar ran pawb yn yr ardal.'

'Go dda wir. Marciau llawn!'

Daeth distawrwydd yn ymwelydd cyffyrddus i mewn i'w sgwrs. Dyna un o'r rhesymau, meddyliodd Marc, pam y teimlai'n gyfforddus yng nghwmni Fflur. Nid geiriau oedd yr unig we rhyngddynt. Mewn sgwrs neu yn y distawrwydd rhwng y geiriau, teimlai fod rhywbeth yn gyffredin rhyngddynt. Yn wir, ers y tro cyntaf iddo'i chyfarfod dair blynedd yn ôl mewn dosbarth nos yn y Brifysgol, gwyddai ei fod ef a hithau'n rhannu'r un donfedd.

'Beth amdanat ti? Beth sy'n dy gadw di'n fishi y dyddie hyn?' holodd Fflur yn hamddenol, ei llygaid a'i gwefusau'n cyfleu ei hawl gwrtais i wybod rhai, o leiaf, o'i gyfrinachau.

'Tipyn o bopeth,' meddai Marc gan deimlo'r chwa o banig a ddeuai drosto pan gâi gwestiwn o'r fath. 'Rhwydweithio ym maes ffilm a theledu. Cydlynu prosiectau. Ambell sgript ar gyfer rhaglenni dogfen.'

'Difyr. Wyt ti'n joio?'

'Dim amser i golli diddordeb. Mae'r amrywiaeth yn fy siwtio.'

'Rwyt ti yn dy elfen, felly.'

'Ydw. Ac eto ...'

'Ac eto beth?'

'Mae bod yng nghwmni celfyddyd yn gallu ... yn gallu siomi.'

'Siomi? Shwt?'

'Cymer waith Leonardo yn yr Amgueddfa 'ma heddiw.'

'Wel?'

'Arddangosfa wych. Yn ddi-os. Ry'n ni'n cael braint. Diolch i'r Frenhines a'i gweision am ryddhau'r trysorau i ni gael eu gweld. Ac eto, ro'n i, wyddost ti, fymryn bach yn siomedig.'

'Falle dy fod ti wedi dishgwl gormod. Shwt 'wedodd yr hen Bantycelyn? "Disgwyl pethau gwych i ddyfod, Croes i hynny maent yn dod," ife?'

'Hwyrach wir. Ond cofia'r gwerth mae pobol yn ei roi ar ddarlunia Leonardo. Dim ond ugain o'i beintiada sy'n dal mewn bodolaeth. Wyt ti'n cofio'r pris gafodd ei dalu am ei *Salvator Mundi* ddwy flynedd yn ôl?'

'Rhai miliyne, siŵr o fod.'

'Tri chant pedwar deg un o filiynau! Roedd hynny'n record am waith un o'r Hen Feistri. Ond rwyt ti'n iawn – roedd fy nisgwyliada, heddiw, yn rhy uchel.'

'Fe gest ti dy ddala 'da'r heip.'

'Do.'

Chwarddodd y ddau ond dwysaodd Marc ar unwaith.

'Hyd yn oed yng ngwaith y meistri a'r arlunwyr dwi'n eu hedmygu fwya, mae 'na rywbeth ar goll.'

'Ti'n deall mwy na fi am fyd celf. Ond dwi'n deall be ti'n ddweud.'

'Wyt ti?'

'Ydw. Meddylia am y dosbarth nos hwnnw – Cyflwyniad i Athroniaeth. Roedden ni'n ca'l ein harwain i dir uchel weithie, nag o'n ni?'

'Oeddan, wir.'

'Ac eto roedd 'na rywbeth yn ishe.'

'Oedd. A'r un teimlad dwi'n 'i gael ym myd celfyddyd. Mi ges i'r teimlad mewn arddangosfa o waith El Greco yn Llundain rai blynyddoedd yn ôl. Closio at y cynfasau. Edmygu'r grefft. Teimlo rhyw wacter wedyn.'

'Hiraeth, o bosib.'

'Hiraeth?'

'Hiraeth am y profiad uwch. Y math o hiraeth y soniodd C. S. Lewis amdano. Roedd 'i wreiddie teuluol e, ar ochor ei dad, yng ngogledd Cymru, cofia. Dim rhyfedd 'i fod e wedi pwysleisio arwyddocâd hiraeth. Mae'r ymdeimlad a gawn ni yng nghwmni celfyddyd, meddai, yn pwyntio'r ffordd at rywbeth gwell a mwy rhagorol.'

Unwaith eto daeth distawrwydd i'r sgwrs. Edrychai Fflur i fyw llygaid Marc. Teimlodd yntau ias ei phresenoldeb. Ai presenoldeb rhywun hardd fel hon, dyfalodd, oedd y sail a'r ffynnon, yr unig sail a ffynnon o bwys, yn y diwedd?

Dros eu hail baned o goffi, gofynnodd Fflur, mewn dull braidd yn afrosgo fel petai hi'n awyddus i newid gêr y sgwrs, 'Fyddi di'n joio darllen y dyddie hyn?'

Edrychodd Marc ar fintai o ymwelwyr yn cerdded i mewn i'r neuadd groeso.

'Ro'n i'n arfer mwynhau.'

'Pryd?'

'Yn y coleg. Ac yn ysbeidiol wedyn. Methu mwynhau i'r un graddau erbyn hyn.'

'Pam hynny?'

'Colli blas, 'sti. Colli cyfeiriad, o bosib.'

'Rwyt ti wedi cadw dy ddiddordeb mewn celf.'

'Do. Ond hyd yn oed gyda chelf weledol dwi'n tueddu i golli 'nhrywydd.'

'Dwinne'n colli dy drywydd di nawr.'

'Ro'n i'n arfer gwybod be oedd yn 'y mhlesio. Erbyn hyn

dwi'n colli hyder, braidd. Yn clywed pobol yn canmol ambell beth yn yr oriela 'ma. Finna'n mynd i'w gweld ac yn methu gwerthfawrogi'n llawn.'

Yn sydyn, cododd Fflur gatalog oddi ar wyneb y bwrdd nesaf atynt.

'Edrych fan hyn, Marc. Dyma iti rai o'r pethe sydd i'w gweld yn y gwahanol oriele.'

'Ia, mi wn i.'

'Wel, dishgwl ar yr amrywiaeth sydd yma.'

'Be 'di dy bwynt di?'

'Y pwynt ydi hyn. Mae pob arddangosfa, pob darn o gelf, yn wahanol. Mae pob un yn unigryw. Ac mae ganddyn nhw i gyd eu rhagoriaethe. Ond paid â meddwl y byddi di'n gallu ymateb yn frwdfrydig i bopeth weli di yma.'

'Rwyt ti'n pwysleisio'r amrywiaeth.'

'Amrywiaeth, ie. A bydd yn agored i'r annisgwyl mewn bywyd. Dyw'r hyn oedd yn bwysig iti ddoe ddim mor bwysig iti heddiw. Falle dy fod yn agos at ddechre llwybr newydd. Cofia hyn hefyd – 'dyw pawb ddim yn cael dawn Leonardo. Diolcha am unrhyw ddawn fach sy 'da ti. Diolcha am y pethe bach.'

Cyn bo hir daeth eu sgwrs i ben wrth iddynt sylweddoli ei bod yn bryd iddyn nhw wynebu eu gwahanol orchwylion. Cerddodd y ddau tuag at brif ddrws yr Amgueddfa. Sefyll ar y grisiau uchaf.

'Pryd ga i dy weld di nesa?' gofynnodd Marc.

'Sdim dal,' meddai Fflur. 'Pryd bynnag fydd hynny, paid colli ffydd. Cofia beth ddwedes i.'

Wrth iddo'i gwylio'n cerdded i lawr y grisiau cerrig, rhedai nifer o ymwelwyr i fyny'r grisiau tuag ato. Mintai o ymwelwyr o China, yn sgwrsio â'i gilydd yn frwdfrydig wrth iddyn nhw agosáu at y fynedfa. Yng nghefn y fintai cerddai gŵr tal â llygaid treiddgar. Edrychodd ar wyneb Marc fel petai'n ei adnabod. Ei gyfarch ag amnaid sydyn. Wrth iddo gerdded heibio, tynnodd bamffledyn allan o'i boced a'i gynnig i Marc. Greddf Marc oedd gwrthod. Ond cofiodd eiriau Fflur a'i dderbyn. Diflannodd y dyn tal drwy ddrws yr Amgueddfa gydag osgo ymwelydd wedi gorffen ei waith.